北京文博

文 丛

二〇二一年第一辑

北京市文物局　编

北京燕山出版社
BEIJING YANSHAN PRESS

图书在版编目（CIP）数据

北京文博文丛. 2021. 第1辑 /《北京文博》编辑部
编. -- 北京 : 北京燕山出版社, 2021.7

　　ISBN 978-7-5402-4749-2

　　Ⅰ. ①北… Ⅱ. ①北… Ⅲ. ①文物工作 – 北京 – 丛刊
②博物馆 – 工作 – 北京 – 丛刊 Ⅳ. ①G269.271-55

中国版本图书馆CIP数据核字(2021)第126456号

北京文博文丛·2021·第1辑

出版发行：北京燕山出版社有限公司

社　　址：北京市丰台区东铁匠营苇子坑138号　　100079

责任编辑：郭　悦　任　臻

版式设计：肖　晓

印　　刷：北京兰星球彩色印刷有限公司

开　　本：787mm×1092mm　　1/16

印　　张：8

字　　数：181千字

版　　次：2021年7月第1版

印　　次：2021年7月第1次印刷

ISBN 978-7-5402-4749-2

定　　价：48.00元

北京文博

2021年第1辑（总103期）

主办单位：北京市文物局

编辑出版：《北京文博》编辑部

北京燕山出版社

网址：http://wwj.beijing.gov.cn

邮箱：bjwb1995@126.com

目录 | Contents ||||||||||||||||||||||||||||||||||||||||||||||||||||||||||||||||

声 明

Beijing Cultural Relics and Museums

No. 1, 2021

Organizer: Beijing Municipal Administration

Bureau of Cultural Heritage

Edited and Published by the Editorial Department

of Beijing Wen Bo, Beijing Yanshan Press

URL:http://wwj.beijing.gov.cn

E-mail: bjwb1995@126.com

目录 | Contents

辽代高僧郎思孝与延庆缙阳寺

杨程斌　范学新

　　有辽一代，佛教发展极为兴盛，皇室笃信佛学，支持寺院建造，请高僧入宫讲学，至辽圣宗、兴宗、道宗时期，佛教发展至极盛，涌现了许多德高望重的高僧，海山大师郎思孝是其中较为知名者，是辽兴宗颇为敬仰的高僧。辽代前中期，皇室常自上京南下巡幸，儒州缙山县（今北京延庆）是其行经之地，辽代在缙山县建有缙阳寺、应梦寺、夜月寺等寺院，以及大量园池，供其朝拜祈福、驻跸游玩，缙阳寺是缙山县有史可查的重要寺院，辽圣宗、兴宗、道宗皆曾驻跸于此。兴宗重熙年间，郎思孝亲自住持缙阳寺，兴宗曾遣人至缙阳寺为郎思孝送御寒衣物，成为了一段天子与僧人情深谊厚的历史佳话。研究郎思孝在延庆缙阳寺住持的史实及缙阳寺的发展历史，对于补阙北京地区佛教历史有重要意义。

一、司空大师郎思孝的有关记载

　　《辽史》未有关于郎思孝的记载，幸金人王寂撰写的《辽东行部志》有关于郎思孝生平事迹的具体记载。金章宗明昌元年（1190），任职提点辽东刑狱的王寂在辽东偶得《海山文集》一部，他在《辽东行部志》中记述了此事，并简述了郎思孝的生平。其载，《海山文集》是辽代司空大师在觉华岛海云寺所作，郎思孝早年中进士，曾在多个郡县为官，之后厌弃尘俗，皈依佛教，成为了名满天下的高僧。辽兴宗尊崇佛教，赐郎思孝为"崇禄大夫、守司空、辅国大师"，上表奏章时，可直用名号，不称臣下，命郎思孝在宫廷讲经说法。兴宗曾欲与郎思孝对诗，郎思孝起初不肯应之，兴宗遂先作诗曰："为避绮吟不肯吟，既吟何必昧真心。吾师如此过形外，弟子争能识浅深。"郎思孝对之曰："为愧荒疏不敢吟，不吟恐忤帝王心。本吟出世不吟意，以此来批见过深。""天子天才已善吟，那堪二相更同心。直饶万国犹难敌，一智宁当三智深。"天安节时，郎思孝送《松鹤图》给兴宗，并在画上题诗云："千载鹤栖万岁松，霜翎一点碧枝中。四时有变此无变，愿与吾皇圣寿同。"妙行大师萧志智是郎思孝的门徒，萧志智是皇族成员，自幼受到兴宗之妹、秦越大长公主的眷顾[①]，足见郎思孝与辽兴宗渊源之深。郎思孝在兴宗重熙十七年（1048）离开觉华岛，住持缙云山，兴宗派人送御书给在缙云山的郎思孝，并赐香与磨丝等物，御书云："冬寒，司空大师法候安乐。比及来冬，差人请去，幸望不赐违阻。"最后又说："方属祁寒，顺时善加保摄。"从书中内容可知，兴宗与郎思孝的交往如老友一般，足见兴宗与郎思孝情谊的深厚。王寂在最后也说："非当时道行有大过人者，安能使时君推慕如此？然亦千载一遇，岂偶然哉。"[②]郎思孝是有辽一代最受皇室推崇、地位最高的僧人之一。《辽东行部志》是迄今所见有关郎思孝记载最为详尽的著录，这些记述可能来自于《海山文集》，有一定的真实性，但《海山文集》今已佚失，无法比照。王寂是金人，其对郎思孝的记述也可能转述自辽东金人，不排除有细节错误的可能。除《辽东行部志》外，石刻文献中也提到了郎思孝，独乐寺（今天津蓟州）出土的一件石函上刻有"守司空辅国大师沙门思孝葬释迦佛舍利六尊"③。朝鲜松广寺保存的高丽国刻《妙法莲华经观世音菩萨普门品三玄圆赞科》一卷书衔题："觉花岛海云寺崇禄大夫守司空辅国大师赐紫沙门思孝科定，寿昌五年……"④撰于辽兴宗重熙二十二年（1053）的《大藏教诸佛菩萨名号集序》有相似记载⑤。《毗奈耶藏近事优婆塞五戒本》亦题名为"觉花岛海云寺崇禄大夫、守司空、辅国大师，赐紫沙门孝思集"⑥。"孝思"应为"思孝"之误。"觉花岛"即"觉华岛"，在今辽宁兴城南海中，郎思孝早年曾在觉华岛修行。撰于辽乾统八年（1108）的《妙行大师行状碑文》载："遇海山守司空辅国大师赴阙，……"⑦张博泉先生据此认为"海山"是郎思孝的号⑧。觉华岛俗称大海山，这可能是后人将郎思孝称为海山大师的原因所在。另外，《妙行大师碑铭》记郎思孝为"海岛守司空辅国大师"⑨。此处"海岛"应即觉华岛。

辽代高僧多学识渊博，郎思孝亦是一位学僧。据仅有的一些史料记载，郎思孝曾为《华严经》《涅槃经》《法华经》《宝积经》《般若理趣经》《观无量寿经》《报恩奉盆经》《八大菩萨曼陀罗经》等诸经注疏科文，但多佚失。现流传于世、署名郎思孝的著作，只有发现于北京房山云居寺、撰于重熙二十二年的《大藏教诸佛菩萨名号集序》，山西应县木塔中发现的《毗奈耶藏近事优婆塞五戒本》，以及内蒙古自治区额济纳旗黑水城遗址出土的《往生净土偈》《人生未悟歌》《未悟歌》。

二、郎思孝住持缙阳寺

（一）缙云山之方位

《辽东行部志》记郎思孝"自重熙十七年离去海岛，住持缙云山"⑩。据此可知，郎思孝在重熙十七年去"缙云山"当住持。此缙云山《辽史》无载，查阅史料，今浙江、重庆分别有缙云山，张博泉先生认为："缙云山，在今浙江省缙云，又名仙都山。传云黄帝时夏官缙云氏所封。按辽兴宗特遣阁门张世英赍御书并赐香与麻丝（笔者注：原文为'磨丝'）等物，山不当在浙江。"⑪张博泉先生认为郎思孝任住持的缙云山不在浙江。辽朝辖地未至今浙江、重庆，郎思孝任住持之缙云山肯定不在上述二地。贾敬颜先生根据《添修缙阳寺功德碑记》及《隆庆志》的记述认为："缙阳山即缙云山，缙阳寺者，以在缙阳山而得名焉。"⑫认为缙云山在今北京延庆（下简称延庆）。

根据延庆地方志的记述可知缙云山在今延庆。延庆现存最早的地方志书、成书于明代嘉靖年间的《隆庆志》载《永宁县重修庙学记》云："我朝永乐甲午，建永宁县于缙云山之阳，……"⑬此处永宁县是明代建置，隶属隆（延）庆州⑭（今北京延庆），县治在今延庆区永宁镇（下简称永宁镇）。据此可知，今延庆境内有缙云山。成书于明代万历年间的《永宁县志》记"八景"之"缙阳晴岚"："在城北十里缙云山下。"⑮据此可知，缙云山在今永宁镇城区北十里。根据其他方志资料的记述可知，缙云山又名缙阳山。《大清一统志》载："缙阳山，在延庆州东，下有缙阳泉，一名缙云山。又名龙安山。"⑯《畿辅通志》亦载："缙阳山，一名缙云山，延庆州永宁城北十二里，下有缙阳泉，又名龙安山。"⑰成书于清末的《延庆州乡土志要略》亦载："缙阳山在永宁北十里，一名缙云山。又名龙安山，下有缙阳泉在焉。"⑱据以上记述可知，缙云山又名缙阳山、龙安山，在今永宁镇城区北十里左右。

在今永宁镇北香营乡小堡村北一名为佛爷顶的山下曾出土辽道宗寿昌元年

图一　缙阳寺功德碑实物及拓片（碑刻现存放于延庆灵照寺，照片由延庆区文物管理所于海宽提供）

（1095）《缙阳寺功德碑》（图一）一通，走访调查得知，今延庆老百姓还有将佛爷顶称为缙阳山的，根据《缙阳寺功德碑》碑文可知，缙阳（云）山建有"缙阳寺"。此佛爷顶极有可能就是《辽东行部志》所云郎思孝住持的缙云（阳）山。

查阅史料，缙云山之名出现时间早于缙阳山。《隆庆志》记："辽以缙云氏故都，立缙山县。"[19]《天成观碑》记缙山县："推之于古，实缙云之故都也。"[20]《隆庆志》载苏乾《永宁县重修庙学记》："我朝永乐甲午，建永宁县于缙云山之阳，……"据此可知，缙云是延庆历史上一个非常久远的名称。辽金元时期已经出现了缙云山这一山名，前述郎思孝曾"住持缙云山"，元人周伯琦行至缙云山有诗云："缙云山独秀，沃壤岁常丰。"[21]据此可知，最晚到辽代已有"缙云山"这一山名。而查阅现存史料，最早记载"缙阳山"的是明代的《隆庆志》，其载："缙阳山，在永宁城西北十三里。又名龙安山。"[22]据此可知，根据史料所记，缙云山之名早于缙阳山。而《缙阳寺功德碑》记有"缙阳寺"，遂缙阳寺之名早于缙阳山，缙阳山一名有可能得于缙阳寺。前述贾敬颜先生认为缙阳寺一名得于缙阳山，有误。

根据以上论述可知，今佛爷顶初名缙云山，后更名缙阳山。缙阳山名称演变序列为：缙云山—缙阳山—龙安山—佛爷顶。佛爷顶山下原有建筑遗址，即为缙阳寺的遗存。至此可知，郎思孝"住持缙云山"即为住持缙阳寺。根据现有资料可知，郎思孝在辽东觉华岛海云寺和缙山县缙阳寺担任过住持，缙阳寺是郎思孝一生中担任过住持的两个寺院之一，足见缙阳寺的重要性。

（二）辽兴宗赐物缙阳寺

辽兴宗十分崇敬郎思孝，郎思孝在缙阳寺任住持期间，辽兴宗担心缙阳寺冬日严寒，特派人自上京送郎思孝御寒衣物，附有亲笔御书。《辽东行部志》记兴宗"遣阁门张世英赍御书并赐香与磨丝等物，书云：'冬寒，司空大师法候安乐。比及来冬，差人请去，幸望不赐违阻'。末云：'方属祁寒，顺时善加保摄。'"[23]这是目前所见记述郎思孝住持缙阳寺期间的唯一一条史料，此处记述极有可能是王寂摘自《海山文集》的。根据此处记述可知，因缙阳山中冬日寒冷，辽兴宗十分挂念老师郎思孝的身体，命人自上京送物品给郎思孝，叮嘱其按时添加衣物，推测辽兴宗所送物品中有御寒衣物。从此段记述可知，郎思孝在当时的辽廷拥有很高的地位，缙阳寺在辽兴宗时期是一处较为重要的寺院。

根据现有史料可知，郎思孝在重熙十七年开始任缙阳寺住持，但不知其何时离开的缙阳寺。暂未发现有关郎思孝住持缙阳寺期间的其他历史资料。

三、辽兴宗与缙阳寺的重建

辽兴宗未即位之前曾南巡至缙阳寺，"缙阳寺"一名即为兴宗御赐，他在位期间大规模扩建缙阳寺，建成以后，即派他的老师郎思孝到缙阳寺任住持，足见其对郎思孝的信任，辽兴宗与缙阳寺有着深厚的渊源。

今延庆地区在辽代为西京道儒州缙山县，缙山县是自上京临潢府（今内蒙古巴林左旗）至南京析津府（今北京）的途经地，又是自南京析津府至西京大同府（今山西大同）的必经之地，扼守居庸关、八达岭，地理位置尤其重要。辽代中前期，皇帝常南巡驻跸缙山，辽帝多崇佛，遂促进了缙山县的寺院建造。今延庆地区有史可查的辽代寺院就有应梦寺[24]、夜月寺[25]、缙阳寺[26]三处，应梦寺、夜月寺的修建可能与萧太后（萧燕燕）巡幸缙山有关[27]，缙阳寺的重建与辽兴宗的巡幸有关。

《缙阳寺功德碑》是延庆现存最早的功德碑。碑阳刻有《添修缙阳寺功德碑记》，其记："缙阳寺者，古之禅房院也。光启二年为创置之始。虽年代浸远，而壮丽（以下残缺）我大辽国先朝圣宗皇帝，初以銮舆南幸，驻跸于此。亲临观眺，深思物（以下残缺）寺残僧少，山院细路高，乃命笔题于壁面，于今一百三十余载。龙凤之（以下残缺）兴宗皇帝偶因巡幸事，亦稽先太平间，赐号曰缙阳。盖其形胜崇丽（以下残缺）名与实相副矣。次至今上睿孝皇帝于清宁年，追思往事，驾幸于（以下残缺）……"[28]（图一）睿孝皇帝即辽道宗。据此可知，缙阳寺创建于唐光启二年（886），辽圣宗、兴宗、道宗皆曾驾幸于此，兴宗赐名"缙阳寺"，缙阳寺应为辽代一座比较重要的寺院。目前并未看到关于辽代以后任何朝代的皇帝巡幸缙阳寺的记载。有辽一代，特别是辽圣宗、兴宗、道宗时期，应是缙阳寺发展最为鼎盛的时期。《缙阳寺功德碑》碑阴《缙阳寺庄帐记》记："我朝兴宗皇帝，乃赐缙阳之名。其后，丙戌，建□僧房……三百□□余架，……人百二十，……庄客五百……成大寺，……"[29]据此可知，缙阳寺是当时一座规模庞大的寺院。"丙戌"即辽兴宗重熙十五年（1046），缙阳寺重建于此时。

辽兴宗是辽代最为支持佛教、信奉佛学的皇帝，史载其"尤重浮屠法，僧有正拜三公、三师兼政事令者，凡二十人。贵戚望族化之，多舍男女为僧尼"[30]。他十分崇敬僧人，拜海山郎思孝为师，在兴宗时期，佛教得到了长足的发展。辽兴宗十分重视缙阳寺，未即帝位前就巡游于此，并在圣宗太平年间（1021—1031）赐寺院名为"缙阳"，又在重熙十五年重建寺院。根据《辽东行部志》所记，郎思孝是在重熙十七年到缙阳寺任住持的，也就是在缙阳寺重修两年后。郎思孝是辽兴宗的亲密老师和朋友，缙阳寺修建于辽兴宗在位期间，极有可能就是在辽兴宗的支持下重建的，毕竟寺院名都是辽兴宗御赐的，据此推测，很可能就是辽兴宗将郎思孝派到缙阳寺任住持的。出土于延庆的《唐故高道南阳白公夫人高氏盖祔墓志铭》记男墓主人白贵是"妫州缙阳人"，卒于唐光启三年（887）[31]，证明唐代晚期延庆已称缙阳。《辽史·地理志》记："儒州，缙阳军，中，刺史。……统县一：缙山县，……"[32]证明辽时今延庆设有缙阳军。《隆庆志》记今延庆"辽为儒州缙阳军，治缙阳县，……"[33]证明自唐末到辽代缙阳一名一直使用，延庆在辽代有缙阳县的名称，与缙阳寺同名，由此可见，缙阳寺是当时延庆地区极为重要的寺院。

四、缙阳寺的发展与衰败

缙阳寺在辽代以后仍得到了发展。现暂未在金代史料中发现有关缙阳寺的记述。元代，缙阳寺所在的缙阳山顶修建了龙安寺。《明一统志》记："缙阳山，在永宁县北一十三里，又名龙安山。"[34]又记："龙安寺，在永宁县北一十五里，元建，有幽岩禅师碑。"[35]据此可知，缙阳（云）山又名龙安山，元代建有龙安寺，寺有幽岩禅师碑。《隆庆志》亦记："缙阳山，在永宁城西北十三里。又名龙安山。"[36]又记："龙安寺，在永宁城北十五里，今废。"[37]据此可知，缙阳寺与龙安寺同样建在缙阳山（龙安山），此龙安寺极有可能是在缙阳寺所属的寺院基础上重建的。

光绪《延庆州志》记："元建龙安山石塔铭，在永宁城北。正议大夫、太常寺礼仪、同知大宁路总管邢训俗撰，进士王善书。延祐四年八月中秋日功德主赵信、众施主李孝元等助缘僧海义。"[38]据此可知，龙安山建有"石塔铭"。"邢训俗"，查无此人的其他记载。《隆庆志》又记龙安寺是"元太常礼仪院置。太祝傅亨所撰《幽岩禅师碑铭》尚存"[39]。《畿辅通志》

记为"幽岩禅师塔"[40]。据此可知，元代龙安山除《石塔铭》外，还有《幽岩禅师碑铭》。傅亨为元顺帝（1333—1370）时人，《隆庆志》记其为"太祝"，《元史》记其曾任"同考官太常博士"[41]，太常博士是"太常礼仪院博士省称，初为太常寺博士"[42]。《元史·百官志》记："太常礼仪院，秩正二品，掌大礼乐、祭享宗庙社稷、封赠谥号等事。……属官：博士二员，正七品；……太祝十员，从八品；……"[43]据此可知，《幽岩禅师碑铭》的撰写者傅亨曾任太祝（从八品）、太常博士（正七品）。暂未查到史料中关于元代"幽岩禅师"的记载。明代对龙安山佛塔进行了修缮，《延庆州志》记："明修龙安山佛塔暨诸神像碑，在永宁城北，……正德五年九月立石。"[44]清代曾在此立有"重修石佛塔碑"[45]。"石佛塔"很可能就是"幽岩禅师塔"。根据以上记述可知，龙安寺在元明清时期分别有石塔铭、幽岩禅师塔、石佛塔碑。今佛爷顶山顶在20世纪50年代前仍有寺庙建筑，后因建雷达站，房舍尽毁。现在佛爷顶雷达站资料室仍保存着一张寺庙拆毁前的照片（图二），根据图片中的人物衣着判断，可能摄于民国时期。照片左侧有一个小塔，可能就是史书记载的"石塔"。据此可知，龙安寺在今佛爷顶的山顶。

光绪《延庆州志》又记："龙安寺

图二　佛爷顶山顶未拆毁前的寺庙（照片由高文瑞提供）

图三　民国时期的缙阳寺（摘自民国《延庆县志》）

在永宁北缙云山上，内供石佛高丈余，一名石佛庙。"[46]据此可知，龙安寺在元代以后又俗称石佛庙，至少在清末，缙阳山上的寺庙仍在使用。成书于民国二十七年（1938）的《延庆县志》内有一幅缙阳寺的插图（图三），证明在民国时期，缙阳寺仍在使用。至此，可大致推断出缙阳寺的发展脉络，其创建于唐光启二年，重建于辽兴宗重熙十五年，添修于辽道宗寿昌元年，在辽圣宗、兴宗、道宗时期，是缙阳寺发展最为鼎盛的时期，金代有可能短暂废弃，元代再次兴盛起来，明清时期逐渐走向衰落，民国时期仍有僧人住寺，但规模已远不如以前，20世纪50年代彻底损毁。辽代，缙阳山顶、山脚之寺院皆称缙阳寺。《缙阳寺功德碑》发现时立于佛爷顶山下，民国《延庆县志》中的缙阳寺照片亦摄于山下，据此推测，自辽至民国时期，佛爷顶山下之寺院一直名曰"缙阳寺"。元代，佛爷顶山顶之寺庙不再称缙阳寺。前文已述，佛爷顶山顶的寺庙在元代称"龙安寺"，清代称"石佛庙"，名

称有变化，佛爷顶山顶寺庙的名称演变序列为：缙阳寺（辽）—龙安寺（元）—石佛庙（清）。

五、结论

综上所述，本文叙述了辽代高僧郎思孝的生平，研究了郎思孝任缙阳寺住持的相关史实，缙阳寺与辽兴宗的渊源，以及缙阳寺在后期的发展、衰败，得出了以下结论：首先，郎思孝是辽代地位较高的学僧，受到了辽兴宗的敬仰和礼遇，成为帝师；其次，辽兴宗曾巡幸缙阳寺，"缙阳寺"寺名为兴宗御赐，并于重熙十五年重建缙阳寺，郎思孝于重熙十七年任缙阳寺住持；再次，缙阳寺具体方位在今北京延庆佛爷顶，寺院彻底毁于20世纪50年代，遗址今已不存；最后，缙云（阳）山在元代称龙安山，今称佛爷顶，元代在今佛爷顶山顶建有"龙安寺"，太常礼仪院置，有《幽岩禅师碑铭》，元代以后称"石佛庙"，山下之寺院未更名，自辽至民国一直称缙阳寺。

①⑦　向南：《辽代石刻文编》，河北教育出版社，1995年，第584页。

②　以上关于郎思孝生平事迹的记述皆参考金代王寂撰写的《辽东行部志》，见［金］王寂：《辽东行部志》，贾敬颜：《五代宋金元人边疆行记十三种疏证稿》，中华书局，2004年，第264-267页。

③　陈明达：《蓟县独乐寺》，天津大学出版社，2007年，第188页。

④　转引自中国佛教协会编辑：《房山云居寺石经》，文物出版社，1978年，第96页。

⑤　中国佛教协会编辑：《房山云居寺石经》，文物出版社，1978年，第95页。

⑥　张畅耕：《辽金史论集（第6辑）》，社会科学文献出版社，2001年，第176页。

⑧　［金］王寂著、张博泉注释：《辽东行部志注释》，黑龙江人民出版社，1984年，第19页。

⑨　易克中：《妙行大师碑铭注释》，政协北京

市石景山区委员会：《石景山文史（第10集）天泰山专辑》，2004年，第327页。

⑩［金］王寂：《辽东行部志》，贾敬颜：《五代宋金元人边疆行记十三种疏证稿》，中华书局，2004年，第265-266页。

⑪［金］王寂著、张博泉注释：《辽东行部志注释》，黑龙江人民出版社，1984年，第20页。

⑫ 贾敬颜：《五代宋金元人边疆行记十三种疏证稿》，中华书局，2004年，第267页。

⑬［明］谢庭桂编、苏乾续编：（嘉靖）《隆庆志》卷十，《天一阁藏明代方志选刊》，上海古籍书店据宁波天一阁藏明嘉靖刻本影印，1962年。

⑭ 北京延庆明代前中期称隆庆州，明代中后期称延庆州。

⑮［明］李体严等纂修：（万历）《永宁县志》卷一，影印明万历三十年（1602）刻本。

⑯［清］穆彰阿：（嘉庆）《大清一统志》卷三十九，《续修四库全书》第613册，第556页。

⑰［清］唐执玉、李卫等修：（雍正）《畿辅通志》卷二十，影印本。

⑱㉕［清］佚名：《延庆州乡土志要略·地理·东区·本区古迹》，手抄本。

⑲⑳㉒㉝㊱［明］谢庭桂编、苏乾续编：（嘉靖）《隆庆志》卷一，《天一阁藏明代方志选刊》，上海古籍书店据宁波天一阁藏明嘉靖刻本影印，1962年。

㉑［元］周伯琦：《扈从诗前后序》，贾敬颜：《五代宋金元人边疆行记十三种疏证稿》，中华书局，2004年，第357页。

㉓［金］王寂：《辽东行部志》，贾敬颜：《五代宋金元人边疆行记十三种疏证稿》，中华书局，2004年，第267页。

㉔㊲㊳［明］谢庭桂编、苏乾续编：（嘉靖）《隆庆志》卷八，《天一阁藏明代方志选刊》，上海古籍书店据宁波天一阁藏明嘉靖刻本影印，1962年。

㉖ 佟洵：《北京佛教石刻》，宗教文化出版社，2012年，第56页。

㉗《辽史》记载，辽圣宗曾多次巡幸延庆。因圣宗时年较小，萧太后很可能随行护佑，推测萧太后也曾巡幸过延庆。应梦寺或为萧后应梦建。

㉘ 佟洵：《北京佛教石刻》，宗教文化出版社，2012年，第56页。

㉙此材料为延庆文物管理所于海宽提供。

㉚［宋］叶隆礼撰，贾敬颜、林荣贵点校：《契丹国志》卷八，上海古籍出版社，1985年，第82页。

㉛杨程斌、戴征：《新出土唐代白贵夫妇墓志考疏》，《文物鉴定与鉴赏》2018年第3期。

㉜《辽史》卷四十一，吉林人民出版社，2005年，第290页。

㉞［明］李贤等撰：《大明一统志》，三秦出版社，1990年，第459页。

㉟［明］李贤等撰：《大明一统志》，三秦出版社，1990年，第461-462页。

㊳㊹［清］张惇德等：（光绪）《延庆州志》卷十，中国台北成文出版社，1968年，第221页。

㊵［清］唐执玉、李卫等修：（雍正）《畿辅通志》卷五十二，影印本。

㊶《元史》卷四十五，岳麓书社，1998年，第529页。

㊷ 龚延明：《中国历代职官别名大辞典》，上海辞书出版社，2006年，第101页。

㊸《元史》卷八十八，岳麓书社，1998年，第1264-1265页。

㊺［清］张惇德等：（光绪）《延庆州志》卷十，中国台北成文出版社，1968年，第225页。

㊻［清］张惇德等：（光绪）《延庆州志》卷十一，中国台北成文出版社，1968年，第234页。

（作者单位：中国国家博物馆、北京市延庆区文化和旅游局）

北京正阳门更名时间小考

蔡紫昍

北京城的“前门”，也就是南城墙上的正门，在明朝初期尚沿袭元大都正南门的名称“丽正门”，后改称“正阳门”。更名的时间，一般认为在正统初，例如《明史·地理志》便记载京城“门九：正南曰丽正，正统初改曰正阳”[①]。但在《日下旧闻考·城市》中，有一条引自《北平古今记》的史料值得关注，其文云：

正阳门，洪武、永乐时尚沿元故名“丽正”。洪熙元年，“正阳门”名始见于《实录》。至正统二年十月，行在户部奏：“丽正等门已改作正阳等门，其各门宣课司宜改从今名。”从之。[②]

《北平古今记》是顾炎武的史学著作，《清史稿·艺文志》等书均记载为十卷[③]，唯徐乾学《传是楼书目》记载为“八卷，二本”[④]。此书未经刊行，今世似已无传本，成书于光绪十二年（1886）的《顺天府志·艺文志》言及此书，即曰“未见”[⑤]，今《中国古籍总目》及《顾炎武全集》中亦未收录。

这条《北平古今记》佚文指出，早在洪熙元年（1425），“丽正门”就已改称“正阳门”，而非正统年间才予改名，正统二年（1437）行在（北京）户部的奏言也印证了这一点。可惜的是，《日下旧闻考》的纂修官们在这条史料之下，加了一条按语：“洪熙《实录》无‘正阳门’之名，此条所引误。”[⑥]由于《日下旧闻考》问世后影响较大，《北平古今记》的说法也就被后人视为讹误，疏忽过去了。然而，顾炎武真的错了吗？洪熙《实录》中真的没有“正阳门”这个名字吗？

一、明初的正阳门与丽正门

在洪熙之前，洪武、永乐年间的《实录》中，就已出现不少关于“正阳门”的记载。只不过这些“正阳门”均指南京皇城以南的城门。早在吴元年（1367）的《明太祖实录》中，就有“圜丘在京城东南、正阳门外钟山之阳”的记载[⑦]。《明太宗实录》记载，洪武三十五年（建文四年，1402）明成祖取得“靖难之役”的胜利，也是从正阳门进入的南京城和皇城：“遂于（六月）十七日具宝玺法驾，由正阳门入，即皇帝位，诏告天下。”[⑧] 永乐七年（1409）二月“置在京二十五门城门郎”，历数了南京内外城门的名称，“内门”之首便是“正阳”[⑨]。

南京正阳门的名字一直被保留下来。《万历邸钞》有万历二十二年（1594）四月“南京正阳门河水流赤三日”的记载[⑩]。清同治《续纂江宁府志》卷七云：“江宁府城，明初都城也……南面之东曰正阳门（本洪武门）”[⑪]，可知南京“正阳门”之名，晚清犹存。直到1928年北伐胜利后，迁都南京的国民政府才将正阳门改名“光华门”。

顾炎武指出：“正阳门，洪武、永乐时尚沿元故名‘丽正’。”在洪武、永乐《实录》中，谈及北平或北京城门时，确实均用“丽正”之名。例如洪武十二年（1379）六月，“北平布政使司请以北平府顺承、安定二门，与丽正等门一体，各设兵马一人，从之”[⑫]。建文元年（1399）

十月，建文帝的心腹大将李景隆围攻北平城，《明太宗实录》记载："景隆攻丽正门急，时城中妇女，皆乘城掷瓦石击之，其势益沮。"[13]永乐七年三月，明成祖"赐北京官吏军民钞"，其中"守丽正门者各加赏彩币一表里、绵布二匹、钞五锭"[14]。

在洪武、永乐时期，南京城皇城外南门名曰"正阳门"，北京（北平）城正南门名曰"丽正门"，并无重名的顾虑。例如《实录》记载永乐十三年（1415）二月"置南、北二京城门郎"，就明确指出："北京丽正、文明、顺承、齐化、平则、东直、西直、安定、德胜九门，南京正阳、通济、聚宝、三山、石城、清江、定淮、仪凤、钟阜、金川、神策、太平、朝阳十三门，每门六员，秩正六品。"[15]此时北京九门的名称中，南城墙上的丽正、文明、顺承三门，以及东西城墙靠南侧的齐化、平则二门，均沿袭了元大都相近位置的城门名称；而新建北城墙上的安定、德胜二门，以及靠北侧的东西城门东直门、西直门，则是明初重新命名的。

二、洪熙元年的北京正阳门

正如顾炎武《北平古今记》中所言，北京"正阳门"之名第一次出现在《明实录》中，是在永乐之后的洪熙元年。《日下旧闻考》按语"洪熙《实录》无'正阳门'之名"的说法是错误的。《明仁宗实录》记载了洪熙元年正月对南京、北京卫所官军进行调动分配的情况，并列举了南京和北京的多座城门：

丁酉，分南京留守左卫所辖聚宝、通济、正阳、朝阳、太平五门五千户所官军，设留守左卫，左、右、中、前、后五千户所，守北京正阳、顺承二门；南京留守右卫所辖三山、石城、清凉、定淮南四门四千户所官军，设留守右卫，左、右、前、后四千户所，守北京平则、西直二门；南京留守中卫所辖金川、神策、钟阜、仪凤四门四千户所官军，设留守中

卫，左、右、前、后四千户所，守北京东直门；南京留守前卫所辖江东、驯象、安德、凤台、双桥、夹江、上方、高桥八门四千户所官军，留守前卫，前、后、中左、中右四千户所，守北京文明门；南京溜（留）守后卫所辖沧波、麒麟、仙鹤、姚坊、观音、佛宁、上元、金川八门四千户所官军，设留守后卫，右、前、后、中左四千户所，守北京德胜、安定二门。盖京留守五卫官军，皆先调其半，于北京分守城门，至是始改设卫所云。[16]

此处明确提到了"北京正阳"门，而且从对应的布局情况看，所指就是曾经的丽正门。同年闰七月，《实录》中又有"雨坏齐化、正阳、顺承等门城垣，命行在工部修治"的记载[17]，"行在"二字指明其中的"正阳门"也在北京。这两条实录可以证明，洪熙年间已将北京丽正门改称正阳门。即使退一步说，《明仁宗实录》在编纂过程中有过修改，其成书的宣德五年（1430），也早于正统时期。

另一条旁证，则是顾炎武在《北平古今记》中提到的正统二年十月行在户部的奏文。此文见于《明英宗实录》卷三十五："行在户部奏：丽正等门已改作正阳等门，其各门宣课司等衙门，仍冒旧名，宜改从今名，仍移行在礼部更铸印信，行在吏部改书官制。从之。"[18]由此可知，丽正门改称正阳门，早于正统二年十月。但洪熙元年至正统二年相隔十二年，此条只云"已改"，并未明言改于何时。

《明实录》正统二年十月的这条记载，还有一个令人疑惑之处："丽正等门""正阳等门"均有"等"字，似乎此前并非仅有丽正（正阳）门更名，文明、顺承、齐化、平则等门，此前也已改名。但在此前的《实录》中，并未见崇文、宣武、朝阳、阜城（成）之名；反而在宣德三年（1428）七月有"修文明、顺承二门外桥梁"[19]，宣德十年（1435）五月有"减文明门至通州六闸夫"[20]，正统二年正月有"遣少保兼工部

尚书吴中、右侍郎邵旻祭告平则、西直等门及城壕之神，以城楼城壕圮坏、欲改作修治也"[21]，同年八月尚有"行在工部奏：齐化门外积楠杉等木三十八万"等语[22]。似乎在正统二年十月之前，除正阳门外，文明、顺承、齐化、平则等门在官方记载中仍均沿用旧名。

三、正统二年的正式更名

正统二年十月丁卯（十一日）行在户部的奏文，要求各门宣课司改用新名，从礼部监制的印信到吏部记录的制度，都要一体更改。之后《明英宗实录》再提到北京城门时，元代旧称便难觅踪影，一律改称明代采用的新名。例如正统三年（1438）正月，"遣少保、工部尚书吴中祭朝阳门之神，侍郎李庸祭东直门之神，以将营建城楼故也"[23]；同年五月，监察御史郑颙提到"张家湾宣课司、崇文门分司"云云[24]。尤其是正统二年正月和三年正月分别遣官祭祀西城墙和东城墙的门神，前者仍用"平则门"旧称，后者则用"朝阳门"新名，对比鲜明。

正统四年（1439）四月丙午（二十九日），整修北京城池门楼的工程完工，《实录》在记录工程"政绩"时，首次将更名后的九门逐一列出："正阳门正楼一，月城中、左、右楼各一，崇文、宣武、朝阳、阜成、东直、西直、安定、德胜八门各正楼一，月城楼一。"[25]这些名称也一直延用至清朝，在今天北京的地名中仍有所体现。

由此可见，正统初大规模重修北京城池，与城门改名、特别是正阳门改名之间，并没有直接而紧密的联系。据《明英宗实录》所载，重修京城的工程启动于正统元年（1436）十月："辛卯，命太监阮安、都督同知沈清、少保工部尚书吴中，率军夫数万人，修建京师九门城楼"，并特别交代："初，京城因元旧，永乐中虽略加改葺，然月城楼铺之制多未备，至是

始命修之。"[26]解释为什么要在此时大兴土木、重修城池。这项工程至正统四年四月正式完工。在此期间的正统二年十月，文明、顺承、齐化、平则四门分别改名崇文、宣武、朝阳、阜城（成）后，与正阳门一并重铸印信、正式更名。而丽正门改称正阳门，更可以追溯到十年前的洪熙元年，与正统修城毫无关系。只不过修城竣工后，《实录》中又把九门名称正式罗列一遍而已。

然而在后世的记载中，不仅正阳门更名与其他四门更名的时间被混为一谈，而且城门更名与正统修城也被联系到一起。例如，成书于万历十三年（1585）的《大明会典》即指出："正统初，更名丽正为正阳，文明为崇文，顺成为宣武，齐化为朝阳，平则为阜成。"[27]这种说法影响深远，清朝官修的《明史·地理志》《日下旧闻考》都承袭了这种观点，后世对此深信不疑，顾炎武的考证也未得到充分重视。甚至以讹传讹，如嘉庆《大清一统志》叙及京师城池，就提到"正统二年修城楼，四年工成，乃改丽正曰正阳、文明曰崇文、顺承曰宣武、齐化曰朝阳、平则曰阜成"[28]，将正统修城与城门更名强行联系起来。到了光绪年间的《顺天府志》，干脆不提修城，只说"正统四年，改丽正曰正阳，文明曰崇文，顺承曰宣武，齐化曰朝阳，平则曰阜成"[29]，忽略了正统二年便已正式改名的史实，导致错上加错。

综上所述，顾炎武在《北平古今记》中的表述是严谨而正确的。根据《明实录》中的记载进行推断，洪熙元年正月或之前，北京丽正门就已受南京正阳门的影响，改称正阳门了，正统二年官方正式改名。《日下旧闻考》按语的轻率反驳是错误的。

---

① ［清］张廷玉等：《明史》卷四十，中华书

局，1974年，第884页。

② ⑥ ［清］于敏中等：《日下旧闻考》卷四十三，北京古籍出版社，1983年，第671页，标点略作调整。

③ 赵尔巽等：《清史稿》卷一百四十六，中华书局，1977年，第4300页。

④ ［清］徐乾学：《传世楼书目》"（史部）帝字三格　别志"，清道光味经书屋抄本。

⑤ ［清］周家楣、缪荃孙等：《光绪顺天府志》，北京古籍出版社，1987年，第6369-6370页。

⑦ 《明太祖实录》卷二十四，"吴元年八月癸丑"条，台北"中央研究院"历史语言研究所影印本，1962年（以下所引明历朝《实录》皆同此），第354-355页。

⑧ 《明太宗实录》卷十上，"洪武三十五年七月壬午朔"条，第149页。

⑨ 《明太宗实录》卷八十八，"永乐七年二月丙子"条，第1167页。

⑩ 《万历邸钞》万历二十二年甲午卷，江苏广陵古籍刻印社影印本，1991年，第823页。

⑪ ［清］蒋启勋等：《同治续纂江宁府志》卷七，《中国地方志集成·江苏府县志辑2》影印本，江苏古籍出版社，1991年，第56页。

⑫ 《明太祖实录》卷一百二十五，"洪武十二年六月庚辰"条，第2001页。

⑬ 《明太宗实录》卷四下，"建文元年十月丁未"条，第40页。

⑭ 《明太宗实录》卷八十九，"永乐七年三月癸亥"条，第1179-1180页。

⑮ 《明太宗实录》卷一百六十一，"永乐十三年二月癸未"条，第1824页。

⑯ 《明仁宗实录》卷六下，"洪熙元年正月丁酉"条，第225-226页。

⑰ 《明宣宗实录》卷六，"洪熙元年闰七月戊午"条，第169页。

⑱ 《明英宗实录》卷三十五，"正统二年十月丁卯"条，第681页。

⑲ 《明宣宗实录》卷四十五，"宣德三年七月乙卯"条，第1099页。

⑳ 《明英宗实录》卷五，"宣德十年五月己亥"条，第113页。

㉑ 《明英宗实录》卷二十六，"正统二年正月丙午"条，第522页。

㉒ 《明英宗实录》卷三十三，"正统二年八月乙亥"条，第646页。

㉓ 《明英宗实录》卷三十八，"正统三年正月丙午"条，第741页。

㉔ 《明英宗实录》卷四十二，"正统三年五月乙酉"条，第813页。

㉕ 《明英宗实录》卷五十四，"正统四年四月丙午"条，第1047页。

㉖ 《明英宗实录》卷二十三，"正统元年十月辛卯"条，第471页。

㉗ 万历《大明会典》卷一百八十七《工部七·营造五》，"城垣·京城"条，江苏广陵古籍刻印社影印本，1989年，第2549页。

㉘ 嘉庆《大清一统志》卷一"城池·京城"条，《续修四库全书》影印本，上海古籍出版社，2002年，第613册，第46页。

㉙ ［清］周家楣、缪荃孙等：《光绪顺天府志》（一），北京古籍出版社，1987年，第2页。

（作者单位：北京大学中国语言文学系）

北上门的朝向是北向

邢　鹏

明清北京城的内城中有皇城、紫禁城。皇城墙又可以分为内、外两重。其中内皇城墙的北门为"北上门"。北上门坐落在北京城中轴线上，位于紫禁城神武门北侧的护城河（筒子河）北岸，其台座距离景山门之台座4.9米，于1956年被拆除。讨论明清北京城的中轴线，需考虑北上门的朝向。

以下分别从实物证据即北上门的历史原貌、建筑规律证据即屋宇式大门内外的判别方法、北上门的营造理念辨析等三方面分别阐述。

一、北上门的原貌

以下从相关记载、名称、历史照片三方面介绍北上门的原貌。

（一）相关记载

孔庆普先生在《城：我与北京的八十年》一书中对北上门及拆除北上门的过程有详细记载，并附了相关照片（图一、图二）。其写道："北上门是一座歇山式琉璃瓦顶门楼，面阔五间，进深二间，中三间是通道，两端各是一间屋。中三间内有六扇木板门，门钉在北面，门扇向南开。……北上门的中三间里有三对木板门扇，门扇的门钉在北面，门扇往南开。证明北上门不是景山的头道门，应该属于神武门的外门。"[①]

（二）名称

单士元记载："皇城城墙在明清两代都是两重，所谓外皇城和内皇城。……内皇城在筒子河外围，一方面在紫禁城和

图一　北上门的南立面

图二　北上门两边的朝房后身

各离宫间起隔离作用，另一方面又使紫禁城和皇城之间增加一道防线。内皇城南起太庙和社稷坛墙，东、西、北三面各辟三门，即北上门、北上东门、北上西门；东上门、东上北门、东上南门；西上门、西上北门、西上南门。除此以外，在内外皇城的相对城门之间，再增筑一个城门。如东上门和东安门之间，有一个东中门；西安门和西上门之间有一个西中门。由于北安门和北上门之间相隔一个景山，所以北中门设在景山之后，在今地安门大街南端的丁字路口处"[②]（图三）。

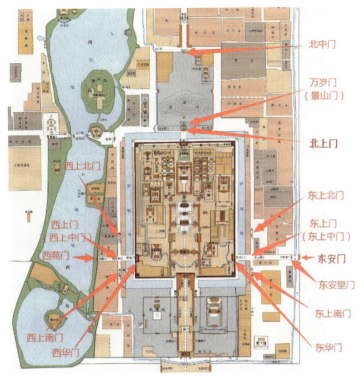

图三　皇城及紫禁城的范围与通道

据此可知两点：一方面，"北上门"读作"北—上门"，"北"表示其所处方位；"东上门""西上门"亦如是读、如是解。另一方面，这段内容清晰地表明了营造北上门的意义。即北上门作为内皇城的北门，"一方面在紫禁城和各离宫间起隔离作用，另一方面又使紫禁城和皇城之间增加一道防线"。因此，北上门的性质、作用与神武门、地安门是一致的，其朝向也应与神武门、地安门一致，均为北向。

（三）历史照片

为全面还原北上门，还需寻找其各角度的照片等图像资料。

经查，民国年间以神武门（明代称玄武门）为故宫博物院正门，北上门以外的街门或称外门。在历史照片（图四[3]）中，北上门正面（北立面）的两稍间（俗称"门房"）

以墙体为主的，且在次间的门板上可见门钉和铺首，说明门板的方向朝向景山即北向。正因其在功能上是神武门的外门，故照片上标有日本文字"（北京）東亞芸術の精粋を蔵する故宫博物館正門"字样，译为："收藏了东亚艺术精粹的故宫博物馆正门"[4]。

从1933—1946年间拍摄的历史照片（图五[5]）中可见一组建筑物：近景是绮望楼，向南稍远些且体量较小者是景山门，再南侧体量较大者是北上门，最南侧是紫禁城玄（神）武门。据此照片可知绮望楼与神武门之间仅有两座建筑，即北上门和景山门。北上门的位置在紫禁城神武门外筒子河的北岸（图六、图七[6]）。据此两图中远景为景山万春亭，可知近景的单檐歇山顶建筑物是其南立面；且据该建筑物与筒子河河道的位置关系并结合图五，可知其即北上门之南立面。又，图七中北上门之中门（建筑明间，正中一开间）的门板是打开的，而其东侧门是关闭并横插门闩的。可见北上门的南侧为门内、北侧为门外，即北上门是北向的。

图四　北上门北立面的历史照片

图五　从景山南眺紫禁城（赫达·莫里逊摄影）

图六　北上门南立面的历史照片

图七　1940年代的北上门（南立面）

二、屋宇式大门内外的判别方法

古代建筑的"门"有广义和狭义之分。广义的"门"是一座或一组在建筑物出入口的、带有启闭装置的建筑物，即屋宇式大门。狭义的"门"就是设置在建筑物出入口的、由两扇门板（"户"）组成的、可以启闭的装置（建筑构件）。

门是用作防守的设施。门板上的门钉、门框上槛的门簪、门枕石等都具有单

向的特点，其均可直观地反映其内外之分。除这些特征之外，还可由功能判别其内外：即供防御之面为外、供守卫者生活之面是内。屋宇式大门是门的主要形式之一，其也遵循这一规律：两稍间是供守门人工作和生活的"门房"，通常门房外部以墙体为主，且墙上所开设之门窗均较小以利于守卫；门房内部墙体低矮（槛墙）且门窗较大以方便生活。例如北京紫禁城坤宁门（图八：1、2）面阔三间、中柱位置"启门一"，门板北向、门房北立面为墙体而南立面为窗。可知坤宁门北向。又如清代陆军部和海军部旧址⑦之"三座门"（图九）中间的主体建筑物的门房南立面为墙体，可知其为南向。据此规律可知图一所示北上门的南立面应是其"内"，图四所示北立面是其"外"，这亦说明北上门是北向的。

用门钉及功能两种方法均可判别屋宇式大门的内外，但当两种方法相互矛盾时该如何判断呢？此时需考虑门板

1.北立面（正面、外侧）

2.南立面（背面、内侧）

图八　紫禁城坤宁门

图九　原"段祺瑞执政府"街门

（含门框、门簪、门板、门槛等）被改造的可能性。因中国土木建筑物以柱、梁承重，墙体不承重；故有"墙倒屋不塌"之说。古建筑物上的墙体及门、窗等构件均是附加在柱子上的，可根据实际需求而设置其位置并可任意改变其方向。虽然如此，但改变墙体位置的难度和工作量远大于改变木构件的位置和方向，因而墙体位置的变化速度慢，也就能保留更多更古老的信息。是故，当门钉方向与门房功能方向不一致时，应以后者为准。如现景山门即是如此。

现所见"景山门"（"万岁门"，今景山公园南门）的门板为南向（图十：1、2），但两侧稍间的南立面设槛墙和大窗，北立面则为墙体（图十：3）。据其性质、位置等均可知其原为北向，现状应是经改造而成的，改造时间待查。另外，据晋宏逵《明代北京皇城诸内门考》一文截取自《皇城宫殿衙署图》之《清初北上三门图》中的形象可知：当时的景山门为"三座门"形式，与现状为一座独立建筑物的形式不同，且该图对神武门的标记为北向，而对北上门和景山门的标记为南向。推测：或为图像所绘建筑的形象失真，或为建筑现状乃是清初之后改建而成；且当时人对北上门和景山门朝向的认识为"南向"，或与对神武门的认识不同。

三、北上门的营造理念辨析

北上门已被拆除，现相关历史照片所载的建筑物营造于明初营造北京城时。其营造意义前文已述。

对于研究北京城中轴线及其上诸建筑物，笔者提出"二手房装修"理论：某乙从某甲处购得一所"二手房"，购房后某乙对此房屋重新进行了内装修，装修后的各种结构及其功能、样式即表明某乙的思想和喜好，而与某甲无关。同理，经明初改造后的北京城虽继承了元大都的城墙、居民区和主要街道等内容，但皇城、宫城及中轴线上各主要建筑物都已经改造或新建，改造后的这一基本格局大体保持至1949年之前。因此，现所谈"北京城中轴线"即应指"明清北京城中轴线"，其表现的是明初的营造理念和思想，与元代无关。在无元代建筑实物遗存的情况下欲研究元大都的中轴线，应考察元代地层中的建筑物遗址，而不能以明清时期的建筑物为据将元代与明清时期混为一谈。

四、清代对北上门朝向的认识改变

据《光绪帝起居注》记载：清光绪二十二年（1896）"（正月初一日）元旦

1.南立面

2.与紫禁城神武门的位置关系

3.北立面

图十　景山门

丑正，慈禧太后在仪鸾殿佛前拈香毕，进北上门，由西山道至寿皇殿拈香行礼"。类似的记载还有：宣统元年（1909），"二月五日辰初，隆裕皇太后进北上门，至德宗景皇帝梓宫前行礼"，"二月二十日，隆裕皇太后进北上门，至德宗景皇帝梓宫前行礼"等⑧。按正统礼制规范，无论是慈禧太后还是隆裕皇太后，都应是先"出"神武门再"出"北上门、景山门而至寿皇殿。此处均记载"进北上门"，表明记载者是将景山作为独立院落看待而忽视了其

与神武门的关系。这种认识的产生应是在清乾隆帝修建绮望楼与寿皇殿之后，即1750年⑨。因绮望楼与寿皇殿均为南向，因此清朝时人认为北上门、景山门为标志寿皇殿建筑群与"景山"山体范围的围墙和院落之门，从而认为其"南向"。

综合以上各方面内容而知郭文若《老北京"北上门"南向之谜》一文所认为的"北上门南向"⑩是误解；该文认为北上门与金代、元代有关的结论⑪都没有确凿证据而只能算作猜测，该文认为北上门"是开启800多年来北京中轴线与皇宫禁苑规划迷宫的一把金钥匙"更是无从谈起。

① 孔庆普：《城：我与北京的八十年》，东方出版社，2016年，第157-159页。此资料由吕玮莎女士提供，特此致谢。

② 单士元：《明代北京皇城》，载于单士元：《故宫营造》，中华书局，2015年，第32-33页。此资料由吕玮莎女士提供，特此致谢。一方面，据晋宏逵在《明代北京皇城诸内门考》一文的两项注释（《故宫学刊》2016年第2期第159页注释3和第165页注释2）可知，同样的内容亦见于单士元《故宫史话》，新世界出版社，2004年，第47-48页。另一方面，晋宏逵认为"北中门"的位置应在雁翅楼的北端而非"地安门大街南端丁字路口处"。晋宏逵：《明代北京皇城诸内门考》，《故宫学刊》2016年第2期。

③ 采自"灵魂出窍KKK"的《北上门》，网址：http://www.360doc.com/content/19/0430/14/11269421_832522719.shtml。

④ 丁炳赫女士翻译，特此致谢。

⑤ ［德］赫达·莫里逊（Hedda Morrison，1908－1991）在1933—1946年间拍摄。图片采自："爱历史——老照片的故事"（http://blog.sina.com.cn/zyajack），《赫达·莫里逊镜头下的中国（18）》。http://blog.sina.com.cn/s/blog_5a06287d0100b31q.html~type=v5_one&label=rela_nextarticle。

⑥ 图片采自"老北京网"：http://www.

oldbeijing.org/dispbbs_11_68742.html。

⑦ 后改为段祺瑞执政府而成为"三一八"惨案发生地。现北京东城区张自忠路（原铁狮子胡同）3号。

⑧ 中国第一历史档案馆：《光绪帝起居注》，广西师范大学出版社，2007年。

⑨ 北海景山公园管理处编：《北海景山公园志》，中国林业出版社，2000年，第398页：乾隆十五年（1750）六月一日，寿皇殿、绮望楼建成。

⑩ 郭文若：《老北京"北上门"南向之谜》，网址：http://news.sohu.com/20080120/n254764375.shtml。

⑪ 如：（1）"北上门不是明代规划和始建的，有可能是元世祖忽必烈至元年间或者更早的规划和始建的建筑"；（2）"认定北上门的'原始身份'就是金太宁宫内廷之门紫宸门"。

（作者单位：首都博物馆）

黑山扈上义师范学校与栅栏圣母小昆仲会修院关系考

陈欣雨

北京黑山扈上义师范学校旧址，现被命名为"309医院天主堂"[①]，2012年成为海淀区文物保护单位，地址为黑山扈路甲17号解放军309医院内家属区黑山扈17号院18栋楼后面，标记为100号楼。整栋楼外形完整，大致保持原样，目前封存不用。大楼正面汉白玉中榜题刻隶体"上义师范学校"字样（图一）。在上方有花体字母"F""S""M"，其为Fratres Maristae a Scolis的简写，意指"专门办教育的圣母玛利亚小兄弟"，以象征圣母小昆仲会的教育使命，又称"圣若瑟楼"。在黑山扈圣若瑟楼旧址后山上还修建了圣母山、教堂、圣母院、拱门、葡萄园和引水渠等。然而，黑山扈上义师范学校的源起并非此地，而是要追溯至位于北京阜成门外的栅栏墓地。

一、栅栏：圣母小昆仲会修院所在地

在庚子年前，栅栏墓地（现称利玛窦和外国传教士墓地）以天主教墓地的身份安然存续近三百年，无论是顺治、康熙时代的"容教期"，还是康熙晚年以至于雍、乾、嘉、道、咸年间的"禁教期"，诸多在京的来华传教士安葬于此，并未受到滋扰。其中葡萄牙人墓地"百余年后，其处墓数，共积至八十有八"[②]。西堂方济各会墓地葬有15人。1735年，法国传教士从栅栏墓地中的葡萄牙墓地迁至正福寺墓地[③]。然而"以后三百年，虽朝代变更，教士一再被迫离京，但这钦赐的茔地始终未脱教士之手"[④]。

1900年义和团运动使栅栏墓地曾保存完好的近百余坟茔遭到了彻底的破坏，墓碑和纪念碑全部被推倒或砸碎。而北京教区丧命于义和团运动中的教徒达六千人，其尸体皆被搬至栅栏墓地，使得栅栏又成为了新的坟场。此外，由

图一 "上义师范学校"字样题刻

遣使会、圣母小昆仲会、修女会所建立的省院、教堂、医院、孤儿院、葡萄园等都被义和团损毁，使得栅栏变成死气沉沉的荒凉之所（图二）。

庚子赔款后，栅栏墓地在赔款的支持下得以重新修葺。不仅修建了纪念北京教区在义和团运动中的六千名殉难者的"诸圣堂"（又称"致命圣教堂"），墓地也得以按照修会重新规整。而且遣使会和圣母小昆仲会的会院也得以重新修复，教务事业在栅栏相继发展。到1916年，遣使会栅栏墓地已发展教堂一所，男子修道院一处⑤。而圣母小昆仲会也重振自己的修院、学校、酒厂及葡萄园等。

二、上义：圣母小昆仲会师范学校概述

"上义师范学校"是由法国圣母小昆仲会（Marist Brothers）所建立的，"尚义师范，为北平圣母会所主办，创始于光绪末年"⑥。而关于圣母小昆仲会与栅栏墓地的渊源始于1891年，"至一千八百九十一年，北京樊主教延请会士六人来北京，立学堂，是为本会入华之始"⑦。其主要职责即"小学训蒙童经言要理，收养群孤，助铎讲经"⑧。而来华后，便接管栅栏的孤儿院，在文献中被称为"北京平则门外栅栏圣母会院"（La Procure des Frères Maristes，Chala près Pékin）⑨。到了1893年3月，当时已收养百余儿童，"共有一百零六名儿童，

由教会所收养，其中十八名由贫苦教友家庭而来，有一木匠间、裁缝店，亦制筛，至外面去卖，十余儿童学做珐琅；其余儿童则种蔬菜，至北京市场去卖"⑩。在直隶府，当时圣母小昆仲会的望会生、初学生、修士们（学习哲学两年，神学四年）都在栅栏学习。

义和团运动结束后，1902年圣母小昆仲会总院打算迁至栅栏，"修士欲觅得相当地址，自然注意于栅栏一边。况中国圣教史中，栅栏之名，班班可考，彼修士岂肯忍然忘之乎？"⑪由于圣母小昆仲会士已在栅栏孤儿院服务，故确定选址于栅栏，"圣母会省修院即在墓基之旁"⑫。"不啻特为主上所留置，以复兴省院之旧址，而保护其各种缔造之事业者然。"⑬圣母小昆仲会以适中的价格购买了这片土地，1910年1月18日开始修建新的住院，整个住院为公学生、高中生、初学生、神哲学院学生们提供不同的空间，相对独立，互不干扰。"修会分补习科、初学院、读书院及修院四部，各部自划一区，绝不连属"⑭。此外还有运动室、宿舍、楼梯和独立的庭院。"圣堂建于中央，无外表之装饰，一入其中，对于天主及圣事之热心虔诚，莫不油然而生。其构造之式，甚合圣母会修士之堂，以供奉圣母，故定其名曰致命之后。"⑮如今此建筑仍存，因其形状为一"山"字，俗称"山字楼"（图三、图四）。

1914年，由于法国动乱，不少圣母小昆仲会士也受到影响，不得不回国。尽

图二　义和团运动栅栏墓地被毁老照片⑯

图三 圣母小昆仲会修院（山字楼）旧照[17]

图四 圣母小昆仲会修院（山字楼）现状[18]

管人手不够，栅栏修院教学仍井然有序，"已经近乎繁荣"[19]，他们已为中国教省培养32位修士，其他的都在法文学校做辅助工作人员。此外还有60名见习学生在读，以及15名在学业毕业后即开始成为修道生。到了1940年8月15日，圣母小昆仲会在栅栏修院已有国籍会士8位，初学士12位。并派4位有教学经验的会士前往辅仁大学深造。而圣母小昆仲会在华所主办的学校，已有二十余座。"计北京六座，天津三座，上海五座等，去年各校学生达七千余名"[20]，可见其规模。

随着圣母小昆仲会在栅栏的发展，上义师范学校也于1909年逐渐开办。其前身叫"中法上义学校"（Collége Franco-Chinois），地址在北京城内参谋部旧址。而迁入栅栏墓地后，发展迅速。根据1929年11月20日学校立案表显示，学校面积约80亩地，校舍面积3605平方米，三层大楼两座，平房十六座。教室、图书馆、

实验室等共18亩6分。寄宿房间27间，整个校园前为园地，校西靠近铁道，其余都是郊野。

总建筑配置费为118790元[21]。作为天主教的学校，教育委员会所规定的初中学费50元，杂费10元，为各类学校的最低水平。上义师范学校最初课程完全为西文，直到1912年开始推行中外课程并行。其校长、设立人或代表人、经理人等职务，均限定由本国人担任，并且学校选址，须与教会地址划分清楚，"即有权就教会附近堂室设学者，亦应将学校所占房舍作为学校借用或租赁"[22]。而教会的捐助只能作为学校经费中寄附金的一种，而不能认为教会担任经费或者补助。在招收对象上，不得专收教会中人。在授课内容上，不宜涉及宗教论说。

1918年"中法上义学校"改制师范，更名为"私立上义师范学校"。法文中标注为"栅栏圣母小昆仲会高等师范学校"（École Normale des Frères Maristes de Cha-la）[23]或者简称为"栅栏高等师范学校"（École Normale de Cha-la）[24]，被教育部批准的名称为"京师私立上义师范学校"（King-che-le-li-Chang-yi-che-fan-shué-siao）[25]。1919年张巽甫（1868—？）[26]接理校务成为校长，将学校改组为"上义师范学校"，且遵照中华民国教育部（以下简称民国教育部）的规章，将学校改制为"完全师范学校"。同年6月28日，就教会设立师范学校一事对京师学务局进行了指示，认为私立上义师范学校立案一事需经学务局"查照教民设学特别规定办法酌量办理"[27]。同年11月22日，"私立上义师范学校"获得民国教育部批准办学。在立案时，校名为"北平特别市私立上义师范学校"，由此成为中华民国政府批准的第一所私立教会学校。在此之前，师范由政府培养学生，而上义师范学校的学制非常严格，必须经过五年学习并通过考核才能毕业从事教学工作，而且专注培养国籍教师。

上义师范学校采取的是与西方接轨的现代教育体系，这区别于传统的师范教育。其五年学习生活主要是关于西方科学知识、德行、信仰等方面的学习，不过对国籍会士也进行了对应的调整，他们在栅栏并不学习拉丁语，而是学习法语；他们并不强求亲近神学，而是花了更大的精力在科学、哲学、心理学和教育学上。为了将他们培育成未来的师资，还需要对他们进行体育、艺术、农业、法律、政治经济学及中文等多方面的培训。而较之艰涩的物理、自然、数学（代数、几何学和三角）等也需要辅导他们，此外还有宗教义理的学习。所以鉴于科目的多元性，所以圣母小昆仲会士建立专门的师范学校进行师资培训。当时在栅栏圣母小昆仲会会院所接纳的学生来自中国各省，他们怀着饱满的热情和十足的活力，是中国教会的希望[28]。

1919年前后，日本记者中野江汉及拓本专家前往栅栏墓地参观及采集资料，当时石门常年闭锁，若想要参拜茔地，只能从石门西北侧"上义师范学校"的校门进入，一进门，耸立眼前的便是宏壮的校舍，随行的人惊叹此处"实在是威风凛凛的学校啊，我竟全然不知还有此等气派的学校"[29]。而中野江汉自己也赞叹此地优美静谧，置于此地"仿佛身临其境"[30]。

三、黑山扈：上义师范学校分校建立

随着栅栏上义师范学校学生人数的增加，见习修士、教授、职工等也日益增多，栅栏已容纳不下这么多人，于是圣母小昆仲会在京西三十里外的一个村庄黑山扈另购置一地以做新校区使用，建造了甚为恢宏的圣若瑟楼。"中国圣母小昆仲会修士总院设于北平西郊黑山扈，内有上义中学（即上义师范前身）、圣母小昆仲会修士读书院及疗养院，规模颇称宏大"[31]。1919年由学务局转呈教育部批准立案，校董会设立呈报事项表上所写的名称是"上义师范学校校董会"，地址是"北平西苑黑山扈"，当时校董会成员为杨友松、许国忠、苏国璋、聂连昌、李慎修、吉善6人，其中关于黑山扈的住址为"西苑北黑山扈文学会分院"和"黑山扈农业试验场"，说明当时在黑山扈已有分校成立（图五）。"校址在北平西郊之黑山扈，万山环抱，景色绝佳，为华北公教中等学校中之堪满人者"[32]。1927年9月当黑山扈新校舍落成时，栅栏校区让于上义师范附属小学，而中学部迁至黑山扈（图六、图七）。

1929年由北平教育局颁发立案证书，在"私立中小学校立案用表"中所填名称为"北平特别市私立上义师范学校"，种类为"六年师范"，校址是"北平阜成门外石门/西苑北黑山扈"。当时修士见习班和师范学校后五年的课程学习都搬到了黑山扈校区，正是圣母小昆仲会教学坚持长达十年的课程学习（三年高小、六年师范、一年见习班），"该会在京西北三十里黑山扈分院主办上义中学，原系师范，为该会训练初学及师资的最高学府，校舍洪伟，成绩亦佳"[33]。所以"有了这样踏实的基础，无怪乎圣母会办的学校都是中国著名的学校"[34]。"北平圣母会修

图五　1945年11月14日黑山扈上义师范学校[35]

页号：105 档号：153-001-00934 利用人：陈欣雨 打印时间：2017-12-19
题名：北京市私立立德、光华、文德小学和上义附小登记备案卷

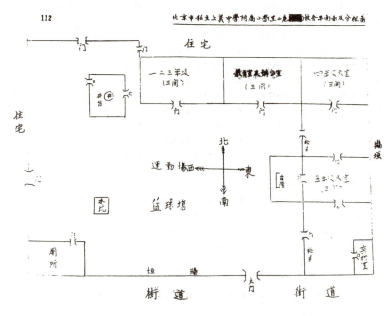

图六 北京私立上义中学附属小学（黑山扈）校舍平面图及分配图㊱

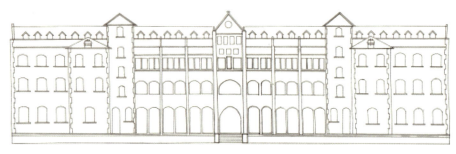

图七 黑山扈上义师范学校绘制图

直接批准立案，诚异数也，可见该校成绩之一班矣"㊴。1933年上义师范学校改办中学㊵，正式改名为"私立上义中学"，并且不再招收师范生。1935年3月2日，时任全国公教学校视察主任于斌神父（1901—1978）参观已改名的私立上义中学，并为该校师生演讲，题为"公教教师使命之尊贵"，认为公教教师之使命，"要教养一班青年肖似耶稣基利斯督，活超性之生命"，并对办学情况提出赞许，"该校创设既久，立案有年，校中设备完善"㊶。

士主持之中学，有盛新与上义二所。本年度会考成绩，皆出人头地获极满意之结果。……上义中学送高中四名，初中十名，亦皆全部及格。该二校学生成绩之整齐优良，实为平市各中等学校所不及"㊲。

据1929年北平特别教育局立案表上显示，学校在黑山扈的住址为"西苑北黑山扈英译专修校"。学校教育步入稳定阶段。教学语言为中文和法语双语，"当时除了栅栏上义师范学校（Ecole normale de Chala）外有学生90人"㊳。1931年8月在《教育近闻》中报道按照原国民政府教育行政原则，私立师范学校是不予立案的，因此"该校独得破例，经教育部

图八 黑山扈上义师范学校旧照㊸

图九 黑山扈圣母院远景旧照④

图十 黑山扈圣母院旧址现状

"学校课程，偏重于小学师资之训练。本年度新旧学生凡九十余人，共分六级。教授多为圣母会会士，年来增聘辅仁大学文学士陈祥春、邢翰臣等君莅校授教，学校情形，更见起色"㊷。可见上义师范学校在当时教学有方，发展有序（图八）。

除山下的上义师范学校外，早在1921年，在山顶圣母小昆仲会建成圣母院，以作会士修道和疗养所用（图九、图十）。其楼建筑形制从外形而言西高东低一字形排列，分主楼和附属楼，主楼属于传统的下沉式两层平顶建筑，拱形门窗样式，内设地下室，在建筑中部为跃层，外部刻有圣母小昆仲会成立之年份"1821"、本圣母院建成之年份"1921"以及篆体"圣母院"三字，如今依稀可见。内部曾为小教堂，存有完整木制立柱，正中横梁与屋顶之间亦饰有木制镂空雕花，中心为百合圣心象征圣母，纹饰精美。地砖为水磨石材质，为红蓝相间六芒星纹饰。 附属楼为三层建筑，在楼顶外墙上设有数个方

形观察孔（图十一、图十二、图十三）。

四、战火：黑山扈上义师范学校的没落

1937年7月7日"七七事变"爆发后，学校教学因战事而无法正常进行，多有村民前来避难，课程不得不停止，而学生们也受到惊吓。"自七月二十八日平郊战事发生以来，附近村民前往避难者最多，时至五六千名"㊺。同年9月11日《北平益世报》上曾记载9月8日下午6点"逃往西山六里屯其头目名张桐，郑子宝匪等绑去肉票外国人六名，中国人三十余名"㊻。后国民抗日队与日军在黑山扈激战多次，被绑教士两月内分批获释。由于当时圣母小昆仲会省长常驻北平栅栏总院㊼，故栅栏圣母会院对黑山扈上义师范学校积极开展营救工作，并且同年九月上

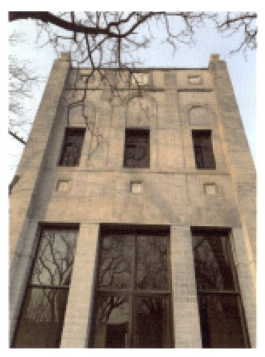

图十一 黑山扈圣母院旧址外墙近照

图十二 黑山扈圣母院旧址内部近照

义中学从黑山扈校区重新迁回栅栏地，借用附小的教室授课。

战火稍息后，1940年8月师生又重新回到黑山扈校舍。"该会在京西北三十里黑山扈分院主办上义中学，原系师范，为该会训练初学及师资的最高学府，校舍洪伟，成绩亦佳，事变时暂避京内，闻本学期仍将迁回故址上课，现有学生七十五人云"[48]。然而后因历年战事影响收容难民四五千人，历半年之久，损失巨万。故十七年度未招新生[49]。当1948年人民解放军解放京津之初，由于战事临近北京西郊，在黑山扈的学生们或惧怕炮火，或投考革命大学、参军或转入市内私立中学读书，皆纷纷离校。教职工因无学生上课，亦相继离散。

其中居于黑山扈修院的荷籍神父魏司赉施（Piet Willems, 1877—1947）在此教授神学十六年[50]，并且一直居于黑山扈[51]。他在黑山扈期间经历了战争和病痛，最终去世于黑山扈，葬于圣母山附近（图十四）。其墓碑在动荡十年后散落于圣母山后（图十五）。2020年5月百望山公园相关人员将墓碑移放于玻璃罩内，放置于圣母山前（图十六）。碑上为汉文与法文双语书写，法文如下：

CI GIT PIET WILLEMS AUMÔNIER NÉ A MEYEL-HOLLANDE LE 28 NOVEMBRE 1877 DÉCÉDÉ A HESHANHU LE 26 AOÛT 1947. R. I. P.

译为中文为"匹特·威廉神父，1877年11月28日生于荷兰梅耶，1947年8月26日去世于黑山扈。息止安所"。而碑身汉文部分毁坏严重，只能依稀看到些许文字（下文为全文补充）：

魏司铎之墓 魏公讳赉施，洗名伯多。一八七七年十一月廿八日生于荷兰，自幼弃俗精修。一九一二年十二月八日荣膺铎品。翌年远涉重洋，履我中土，先后传教于保定、南关、田各庄、高家庄、程六市及南宋村等处。一九三一年来平西黑山扈圣母小昆仲会，任初试院驻院神师，凡十六载。魏公性和蔼，奉职勤诚，信德坚实，茹苦如饴。一九四七年春突患重病，惟以年逾古稀，虽经调治，终告不支，遂于同年八月廿六日安逝于本会院，享年七十有一岁。公元一九四七年十一月一日立。

1948年9月开学时，黑山扈上义师范学校返校人数仅二十余名。到了十二月的时候，北京被封锁围困，无论栅栏校区还是黑山扈校区的学生都撤到城内，而这两处教学地先后被军方占领，一些圣母小昆

图十三 黑山扈圣母院绘制图

图十四　黑山扈圣母山近照

图十五　曾散落在地的魏神父墓碑照

仲会修士冒着生命危险，竭力保护学校。大致有五个学生还有十三个修士，修筑堡垒，刨挖沟渠，竭力防止树木被砍伐，避免原有门窗被拆卸烧毁，甚至保护鸡、羊、猪被吃掉等等[52]。然而考虑到学校无力运转，因此请求"教育当局许可将已返校之高、初中学生皆分别借读于城内耕莘南堂中学。至于黑山扈旧有校址，因距城过远，交通不便，则经市政府批准租让于玉泉山疗养院，专从事人民疗养事业。1948年暑期，依照教育局的指示，上义师范学校完成复校计划，决定迁校于阜外马尾沟十三号，与本校附小同一地址，现于新迁校址业已正式开课"[53]。此届中学生毕业后，上义师范学校仅存小学部。1945年又被称为育才小学，俗称为石门小学。当时授课的还有外国神父，"每天都是跟着黄发碧眼高鼻卷须、一身黑色神父装束

胸前挂着十字架的老师对着字母挂图学'啊、啊，呃、呃'发音"[54]。附属小学一直存有两个校区，第一部在阜成门外马尾沟十三号，在1949年的时候主要是五、六两个年级。第二部在西苑的黑山扈，主要是一、二、三年级复式班，然后是四、五两个年级[55]。中华人民共和国成立以后，栅栏墓地的产业转归中国天主教爱国会所有。自立革新运动期间，栅栏马尾沟教堂成立革新委员会，在加强天主教徒和神职人员爱国主义教育和宗教政策的宣传外，整顿革新委员会，规范各类宗教活动。在这种形势下，上义师范学校附属小学由北京市教育局接管，更名为"马尾沟小学"。由此，"上义师范"四字不复存在。1954年，马尾沟小学迁至车公庄大街以北，现名为"进步巷小学"。此外，1955年8月，一部分教学班调入到北京市西城区百万庄小学，有九名教师亦调入百万庄小学，1956年重新划区后更名为北京市西四区苏联展览馆路小学，1957年更名为如今的北京市西城区展览路第一小学。

五、结语

相比明清耶稣会士所走的上层路线，晚清的天主教传教士在清政府式微的状况下，自《北京条约》保证传教士租赁与购买土地建造教堂的权利下，更加将视野放置民间，以兴办教育作为最主要的传播途径，从而得以快速发展。上义师范学校作为栅栏墓地与黑山扈的联结，不仅成为教会学校的典型代表，而且也为近代教育事业做出了典范。

从社会办学而言，上义师范学校被民国教育部批准办学，并在民国教育部立案，成为中华民国政府批准的第一所私立教会学校，专门培养师范类学生。"北平圣母小昆仲会修士办的上义师范学校于本年八月内奉教育部批准予以立。按国府原定教育原则，私立师范学校不准立案。只准私立中学校内附设师范科。凡中等学校

图十六　魏神父墓碑近照

立案事宜应从省教育厅或特别市教育局办理。今上义学校，足然能独得破例，直接教育部批准立案，真是个特别的待遇，考其能达到此目的缘故全由该校各科成绩之优良所致"[56]。其教育理念及教学方式皆为现代西式教育模式，一改传统儒家经典的学习内容，开设外语、体育、自然科学、专业技能课程，学校还设有操场、体育馆、实验室、操作室等。从上义中学初中、高中所开设的课程及每周各学科教学、自习时数表可以看到所学科目较为丰富多样，也因教会学校的特殊性而具有国际视野，采用双语教学，且学习多门语言，注重课堂教学与自习相结合的方式，尽可能地开启学生的学习潜能。正是由于现代教育，圣母小昆仲会不到半个世纪，主办的学校已有二十余座，在北京即三座，其中在黑山扈主办的上义中学，原本属于师范学校，"为该会训练初学及师资的最高学府，校舍洪伟，成绩亦佳"[57]。除了中学教育外，上义师范学校还设立了附属小学。所有的师范生都监管严格，独立生活，共同学习，他们的学习目标即是毕业后成为师范学校的教师或者助理。在他们看来，能够为中小学输入教士，是多么的有意义[58]。

上义师范学校前后存活了不到半个世纪，在这段时间里，正值国家动荡之时，而学校将西方的办学机制吸收进来，对本土私立学校的办学不啻为一种有益的借

鉴。它所承载的社会服务事业，亦为北京民国社会公共事业的重要一隅。

———————————

①　北京市海淀区文物保护单位"309医院天主堂"名称不仅与历史不符，而且还误导来访者。认为此地为一天主堂，且属于309医院。经过历史考证，本处实为法国天主教圣母小昆仲会所创办的私立师范学校分校，而且它并非单单一栋楼，还涉及到旧址后山上的圣母山、教堂、圣母院、拱门、葡萄园和引水渠等一系列天主教产遗存。此外还与黑山扈抗战遗址联系紧密，鉴于此文物保护单位所承载的历史多元性和事件交叉性，建议将此文保单位改为"上义师范学校黑山扈分校旧址"。

②⑤《近事：本国之部栅栏》，《圣教杂志》1916年第5期。

③　直到1900年为止，法国入华遣使会被安葬在正福寺，在1900年被义和团捣毁之前，这座公墓内共埋葬了74名神父和修士，以及10多位外籍军人和平民。参见明晓艳、[法]魏扬波主编：《历史遗迹——正福寺天主教墓地》，文物出版社，2007年，第3页。然而被修复以后，由于离城太远，而被放弃。参见[法]荣振华、[法]方立中、[法]热拉尔·穆赛、[法]布里吉特·阿帕乌著，耿昇译：《16—20世纪入华天主教传教士列传》，广西师范大学出版社，2010年，第532页。

④　[法]高龙鞶著，周士良译：《江南传教史》第一册，辅仁大学出版社，2009年，第104页。

⑥㉜㊷《介绍北平尚义师范》，《磐石杂志》1934年第2卷第11期。

⑦⑧《圣母会缘起叙略》，《圣心报》1905年第220期。

⑨　Le Bulletin Catholique de Pékin, Pékin:Imprimerie des Lazaristes du Pei-T'ang, 1918. p.87.

⑩　[法]樊国阴著、吴宗文译：《遣使会在华传教史》，华明书局，1977年，第315页。

⑪⑫⑬⑭⑮《近事：本国之部　栅栏味增爵修会》，《圣教杂志》1916年第10期。

⑯《气球下的中国》（La Chine A Terre Et En Ballon），法军上尉普雷森特 Plaisant摄，1901年，第21页。

⑰ Le Bulletin Catholique de Pékin, Pékin:Imprimerie des Lazaristes du Pei-T'ang, 1916. p. 168.

⑱ 照片由北京方略博华文化传媒有限公司摄影师杨华正提供。

⑲ Le Bulletin Catholique de Pékin, Pékin:Imprimerie des Lazaristes du Pei-T'ang, 1919. p. 409.

⑳㉝㊽㊼ 《圣母小昆仲会发展现况 石门总院八位初学发愿 上义中学仍迁回黑山扈》，《公教白话报》1940年第16期。

㉑ 北京市档案馆：《北京私立志成、励成、女子两级中学、上义师范学校立案呈报事项表》，档号：J004-002-00438。

㉒ 《近事 教育新闻京师上义师范注册之经过》，《圣教杂志》1926年第7期。

㉓ Le Bulletin Catholique de Pékin, Pékin:Imprimerie des Lazaristes du Pei-T'ang, 1920. p. 53.

㉔ Le Bulletin Catholique de Pékin, Pékin:Imprimerie des Lazaristes du Pei-T'ang, 1920. p. 98.

㉕㉗ Le Bulletin Catholique de Pékin, Pékin:Imprimerie des Lazaristes du Pei-T'ang, 1920. p. 55.

㉖ 张巽甫，湖北河阳人，宛陵襄垣两公学卒业，单级速记国语心理教育测验毕业，曾任怀宁邳州海门南汇师校校长，时任盛新中学校校长。1917年2月到校工作，教授国文，任上义师范学校校长时54岁，中华民国教育部曾奖三等二级文杏章。

㉘ Le Bulletin Catholique de Pékin, Pékin:Imprimerie des Lazaristes du Pei-T'ang, 1922. p. 130.

㉙㉚ ［日］中野江汉：《北京繁昌记》，东方书店，1993年，第327页。另参见 ［日］中野江汉著、韩秋韵译：《北京繁昌记》，北京联合出版公司，2017年，第329页。

㉛㊺ 《北平郊外便衣队掳劫黑山扈圣母会修士总院》，《公教白话报》1937年第19期。

㉞ 高智瑜、［美］马爱德主编：《虽逝犹存：栅栏——北京最古老的天主教墓地》，澳门特别行政区政府文化局、美国旧金山大学利玛窦研究所，2001

年，第78页。

㉟ 图片来自于美国国家档案馆，https://www.archives.gov/。

㊱㊵ 北京市档案馆：《北平私立立德、光华、文德小学和上义附小登记备案卷》，档号：153-001-00934。

㊲ 《圣母会修士办理中等教育之成绩》，《天主公教白话报》1937年第22期。

㊳ Le Bulletin Catholique de Pékin, Pékin:Imprimerie des Lazaristes du Pei-T'ang, 1922. p. 417.

㊴ 《上义师范学校教育部准予立案》，《教育益闻录》1931年第3期。

㊵ 《私立上义师范学院改办中学、变更学制修正章表和校董会组织情形的呈文及教育部社会局的指令》，档号：J002-003-00106。

㊶ 《于大司铎参观上义师范》，《公教学校》1935年第2期。

㊸㊹ Vicariat Apostolique de Pékin:État de la Mission du 1er juillet 1931 au 30 juin 1932. p. 30. 另参见Le Bulletin Catholique de Pékin, Pékin:Imprimerie des Lazaristes du Pei-T'ang, 1932. p. 171.

㊻ 《劫掠黑山扈匪逃往西山六里屯》，《北平益世报》1937年9月11日第3版。

㊼ 《教育修会圣母会省长离平巡视会务》，《公教学校》1938年第22期。

㊾ 北京市档案馆：《北平私立志成、励成、女子两级中学、上义师范学院立案呈报事项表、预算表、教员履历表、平面图、平面图说明书、职员一览表、历年毕业生一览表》，档号：J004-002-00438。

㊿ 曾记载圣母小昆仲会士在栅栏墓地、黑山扈都工作过，最后去世在黑山扈的有：F. Mie Archangelus，1886年12月18日出生于法国的维莱法莱（Villers-Farlay），1932年2月9日去世。E. Emile-Etienne，1861年4月28日出生于法国的维拉尔德朗(Villard-de-Lans)，1935年2月23日去世。F. Ma-ti-ya (Malhisas)，1892年11月1日出生于中国，1940年12月2日去世。Louis Wang Tchen Koei，1941年1月30日去世。F.Louis-Norbert，1908年10月24日出生在法国的杜城。1948年11月26日去世。资料来源于意大利圣母小昆仲会总会档案负责人科林修

士（Colin Chalmers）。

(51) 威廉神父，其中文名仅知“魏”姓，名字未详。最早为圣眷会成员，1912年从法国来到中国，不久便于1912年12月14日在保定府的圣伯多禄圣保禄大教堂由中国保定府副主教富成功（Joseph Fabruèges C.M ，1872—1929）主持晋升铎品。后随遣使会士戴牧灵（Tremorin，约1886—1965）在保定府附近的田各庄传教。1913年8月他入遣使会，前往高家庄传教，1914年初去程六市村，居四年有余。当时国家时局混乱，1924年他返回到他的家乡梅耶（Meyel）度过短暂的假期，1925年1月25日开始返回中国，此后再也没有回过故里。他从法国前往意大利，在罗马短暂停留后，经热那亚向东穿过苏伊士运河，过锡兰科伦坡、新加坡、菲律宾马尼拉等地后，于1925年3月22日抵达中国。随后1930年他便来到了北京西郊的黑山扈，当时属于保定府。1947年5月10日心肺疾病住进北京东交民巷的圣米歇尔医院（Saint Michel），7月份回到黑山扈住院，8月26日去世。

(52) Bulletin de l'Institut, vol. XVIII, n. 134, avril 1949, pp. 421-424.

(53) 北京市教育局存档：《北京市私立上义中学立案重新登记的各种表册材料》，1949年2月2日，档号： 153-001-00834。

(54) 张国庆：《我的六所小学母校》，《老北京忆往》，北京燕山出版社，2015年，第295页。

(56)《上义师范学校立案》，《天主公教白话报》1931年第21期。

(58) Le Bulletin Catholique de Pékin, Pékin:Imprimerie des Lazaristes du Pei-T' ang, 1920. p. 102.

(作者单位：中共北京市委党校)

辽代围棋运动钩沉

陈晓敏

围棋是中国古代先民发明的一种智力游戏。相传为尧创造以教其子丹朱，或说舜发明以教其子商均，但均无确凿的证据。目前，学术界关于围棋运动历史的研究多集中在以汉族为主体的中原王朝。对于少数民族建立的政权时期，研究成果相对较少。如由契丹族建立的辽代政权，辽和北宋长期对峙，但是关于辽代围棋运动的研究成果与同时期的北宋相比，不可同日而语。笔者搜检到的关于辽代围棋的文章只有寥寥数篇，而且大部分文章写的是辽代体育运动，围棋运动只为其中一部分。目前，还没有关于辽代围棋运动的全面论述。为此，笔者不揣浅陋，根据文献记载和考古发掘资料，全面梳理围棋运动在辽代的发展轨迹。

一、辽代围棋棋具出土及存世情况

关于辽代的围棋运动，我们在史料中能够找到的例证不多。究其原因：首先，辽朝统治时期，实行严格的书禁政策。统治者不允许有任何书籍传入中原，擅自向中原传递文字书籍将被问斩。《梦溪笔谈》载："契丹书禁甚严，传入中原者法皆死。"其次，金灭辽时，女真人实行了毁灭性报复。笔者通过有关辽史史料的检索，关于辽朝围棋运动的史料记载有二：一为《契丹国志》载：辽人"夏月以布易毡帐，藉草围棋、双陆，或深涧张鹰"。"藉草围棋"就是说契丹人或是坐在草垫上下围棋，或是在草原上随处将野

草划拉倒后，席地而弈。由此条记载可以看出，辽朝时期人们对围棋的喜爱程度。一为《大金国志》载："熙宗自为童时聪悟，适诸父南征中原，得燕人韩昉及中国儒士教之，后能赋诗染翰，雅歌儒服，分茶焚香，弈棋象戏，尽失女真故态矣。"史料中的南征中原，指的是公元1122年12月金兵由居庸关南下，不战而得燕京（辽南京）。辽臣韩昉以及"中国儒士"受到金朝统治者的重用。这条史料说明，围棋运动直至辽朝末年仍流行于辽朝境内。而且，对金朝的围棋运动产生了较大影响。由于史料的缺乏，辽朝围棋运动的开始时间，已无从可考。

虽然关于辽代围棋运动的史料记载很少，但是让人欣喜的是，辽代墓葬及遗址出土了很多围棋实物可以补充史料的不足。通过检索考古发掘报告可知，已有16座辽代墓葬出土了与围棋运动相关的实物例证。另外，辽代窑址及田野也发现了一些围棋棋具。根据这些出土文物可梳理出辽代围棋运动的发展脉络。

1.辽宁省锦西县（今葫芦岛市）西孤山辽墓[①]

1954年，西孤山辽墓出土了黑白围棋子76枚。黑白子皆为陶质，圆饼形，上有模印花纹。现存于锦州市博物馆。该墓墓主为萧孝忠，生活于辽圣宗、道宗时期，贵为国舅，身份显赫，曾任东京留守，葬于辽大安五年（1089）。

2.内蒙古赤峰市翁牛特旗毛布沟辽墓[②]

1965年赤峰市翁牛特旗毛布沟辽墓出土围棋的棋子总数95枚，由黑、白

两色棋子和两个铁丝编棋篮组成。棋子呈圆饼形，边缘微鼓，两面均沿边缘向内凹至面心微鼓，其中黑子为煤晶石所制，白子为白石所制。它们的直径均在1.9厘米左右，厚约0.5厘米。棋盒为铁丝编制而成。

3. 辽宁省朝阳市纺织厂院内辽墓[③]

1966年，朝阳市纺织厂院内施工时发现一座辽代墓葬。该墓出土黑白围棋子各186枚。白子为玛瑙质，黑子为石质，黑白子皆直径1.6厘米、厚0.8厘米，两面微凸。棋子具有光泽，应是在磨制后又进行了抛光。围棋现存于朝阳市博物馆。该墓主人为常遵化，生活在辽世宗、景宗、圣宗时期。身为汉人的常遵化通过科举考试，成为了辽朝的地方官。曾任霸州文学参军、霸州归化县令、观察判官。

4. 辽宁省法库县叶茂台7号墓（M7）[④]

1974年5月，叶茂台辽墓群7号墓出土了一幅以围棋为题材的绢画，该画被命名为《山弈候约图》（也称《深山会棋图》）。画为长方形，长106.5厘米、宽54厘米。画面整体以青绿山水为主色调，画中主峰和左边直峰相对，形似一阙门，从"阙门"露出一片楼阁长廊，院中二人相对坐而弈，旁有一书童持物而来。画现存于辽宁省博物馆。墓主是一位五六十岁的妇女，专家推测应是辽朝皇室耶律氏的一位公主。该墓为辽景宗（969—982）时期。

5. 辽宁省法库县叶茂台10号墓（M10）[⑤]

1975年6月，叶茂台10号墓出土黑白围棋子20余枚。黑白子皆为石质，规格较小，双面微凸，加工粗糙。由于该墓早期被盗，故围棋子残缺不全。

6. 内蒙古敖汉旗白塔子村辽墓[⑥]

1977年4月，白塔子村辽墓出土围棋棋盘和围棋子155枚。围棋棋盘在墓内供桌下的一方桌上，方桌高10厘米、边长40厘米，桌上涂白漆，木质已朽。在桌心长、宽30厘米处布有围棋子，在纵横

各十三行的棋盘上布有黑子71枚、白子73枚，另外还有8枚黑子、3枚白子未在棋盘上。出土黑子79枚，白子76枚，共计155枚。出土时的这种情形，显示的应该是黑白子正在对弈中。这组围棋现存于赤峰市博物馆。

7. 内蒙古奈曼旗陈国公主墓[⑦]

1985年7月，内蒙古哲里木盟奈曼旗青龙山镇修建大苹果基地水库时，发现一处辽代墓地。1986年6月，内蒙古文物考古研究所对已暴露的墓葬进行了清理发掘，其中编号为3号的墓葬，出土了80余枚围棋子。棋子为木质，中间厚、边缘薄，两面涂白，直径1.6厘米、最厚处0.5厘米，有的已残。根据出土墓志载：该墓墓主人是辽景宗的孙女——秦晋国王耶律隆庆之女及驸马萧绍矩。公主死于开泰七年（1018），时年十八岁。驸马先于公主而逝，死时约30岁。

8. 内蒙古巴林右旗查干勿苏辽墓[⑧]

1991年12月5日，内蒙古巴林右旗查干勿苏牧民家挖菜窖时发现文物，经文物工作者确认为一座辽墓，该墓出土了27枚围棋子。棋子为小圆饼状，系采用较细的黑白两种黏土捏制而成，质地坚硬。白子24枚、黑子3枚（其中形状相似的河卵石两枚）。直径1.3—1.6厘米。这座墓葬从墓葬形制及随葬品形态来看，属于辽代中晚期。另外，从墓内葬具柏木小帐及随葬品中的铜带饰来看，该墓的主人应为一般契丹贵族。

9. 河北省张家口宣化辽墓[⑨]

1993年3月，河北省宣化7号辽墓出土围棋壁画——《三老者对弈图》。壁画在甬道木门门额上的半圆形堵头上。画的内容是中间一人戴硬脚幞头，穿袍服；左侧为一束髻老者；右为一僧人模样，中间是采用写意手法所画的棋盘。三老者右侧三个侍童，天空有飞鹤。此墓主人为大辽归化州清河郡张文藻夫妻。据墓志可知，墓主人张文藻死于辽道宗咸雍十年（1074），道宗大安九年（1093）与其妻

贾氏合葬。

10. 内蒙古奈曼旗白音昌营子辽墓⑩

1993年9月，内蒙古奈曼旗白音昌营子辽墓出土黑白围棋子30余枚。黑白子皆为石质，双面微凸。围棋现存于奈曼旗王府博物馆。

11. 内蒙古赤峰宝山1号墓⑪

1993年冬，位于内蒙古赤峰市阿鲁科尔沁旗东沙布日台乡的一座辽墓被盗。1996年10月，内蒙古文物考古研究所会同旗文物管理所，对墓葬进行了抢救性发掘，出土了围棋子。棋子为蚌质，一面平、一面圆凸。直径1.3厘米、厚0.45厘米。根据墓内出土题记载，墓主人为勤德，年仅14岁，系"大少君"次子，从墓葬随葬品的奢华程度及银丝网衣的使用，可知墓主人应为高等级契丹贵族。题记还记载了墓主人下葬时间是天赞二年（923），可见该墓属于辽代早期。

12. 辽宁省阜新蒙古族自治县辽墓⑫

1993年9月，辽宁省阜新蒙古族自治县知足山乡罗匠沟村因山洪冲出一座辽墓，出土一副完整的围棋子，黑白各180枚，共计360枚。但是由于大部分被盗墓者卖掉或失落，现仅存5枚。白棋子为天然玛瑙加工而成，黑棋子为黑色玉石即墨玉磨制而成。黑白棋子均为双面微凸。因该墓内没有墓志铭或其他能够证明墓主人身份的文字实物出土，故墓主人的身份无从考证，但是从墓葬形制、墓葬规模、陪葬品的数量及等级等几个方面来看，墓主人应该是辽朝中下层官吏。另外，考古人员对出土围棋子的墓葬进行了抢救性发掘，并对墓葬周边一带进行了考古勘探，认为该墓属于辽代中晚期。

13. 辽宁省阜新蒙古族自治县关山辽墓⑬

2001年4月至11月，辽宁省文物考古研究所、阜新市文化局、阜新蒙古族自治县文体局等单位，对阜新蒙古族自治县的关山辽墓进行了抢救性的挖掘，1号墓出土了围棋壁画——《对弈图》。壁画位

于墓门右侧甬道上，壁画高约3.5米、宽3米。画面为山间松下二人对坐下围棋，一人居中观棋。左侧弈者短须、长袍，盘腿坐于一方席上，右手夹棋子欲落。右侧弈者黑帽、长袍，跪坐于一方席上，上身前倾，凝视棋局。中间观战者为一僧人。棋盘置于一方形矮几上，纵横交错的界格线清晰可见。根据出土壁画、墓葬形制及墓葬所在的位置，结合之前有关的考古发掘及研究可以断定该墓主人是萧德温（1030—1075），萧德温是辽代丞相陈王萧知足(阿剌)之子，辽道宗宣懿皇后之侄，辽道宗的"左金吾卫上将军"，是辽国祚兴之功臣。辽太康元年（1075）三月十九日，逝于辽水西之行帐。由于当时没有掌握壁画切割保护技术，所以只由考古人员按照原尺寸对壁画进行了临摹，摹本现存于辽宁省博物馆。

14. 辽宁省法库叶茂台23号墓⑭

2004年8月，位于叶茂台辽墓墓群中部区域的老虎窝山坡上一座辽墓又遭盗掘破坏，经国家文物局批准，同年10月26日至11月30日，辽宁省文物考古研究所与沈阳市文物考古研究所合作对该墓进行了抢救性发掘，编为23号墓。23号墓虽然遭多次盗掘破坏，但仍出土了较丰富的遗物，其中有围棋子21枚，石质，为黑曜石磨制而成，石质较细。两面扁圆凸，断面略呈椭圆形。长径1.8厘米、短径0.8厘米。根据墓内壁画内容、人骨的颅骨、骨盆特征及随葬的骨簪、玛瑙珠、青白瓷三联盒分析，墓主人可能是一位中年女性。

15. 辽宁省北镇市辽代耶律弘礼墓⑮

2014年冬，辽宁省北镇市富屯街道洪家街西北有一座古墓葬被盗。2015年春辽宁省文物考古研究所与锦州市文物考古研究所、北镇市文物处联合组成考古队，在抢救性发掘被盗墓葬（M1）过程中，对墓葬周围进行了勘探，又发现墓葬4座。2015年9月，考古队对第二座墓葬（编号M2）进行发掘，该墓出土了围棋子97枚。棋子为陶质，黑子90枚、白子7枚，扁圆

形，两面皆平，分黑白两色，形制相同，大小相等，正反面均模印四瓣莲花纹，边缘有一周凸弦纹，直径1.5厘米、厚0.3厘米。根据出土墓志可知，该墓主人为辽代宗室耶律弘礼。耶律弘礼是辽景宗的曾孙，后来过继给大丞相韩德让为嗣，据此可以推定该墓地是医巫闾山辽代帝陵的陪葬墓地，下葬时间为辽道宗寿昌二年（1096）。

16.辽宁省康平张家窑林场长白山墓群I区2号墓[16]

2017年4月至11月，沈阳市文物考古研究所对长白山墓群进行了重点发掘，9座墓葬先后出土器物400余件。其中2号墓出土了围棋子6枚。棋子为玛瑙质地，黑、白各三枚，白色围棋透光度较好，黑色不透光。棋子表面打磨光滑，做工精细，用料考究。2号墓出土了大量金银首饰、镜子等女性用品，且其他随葬品组合也与男性墓有所区别，据此可以推定墓主人应为女性。

现存的辽代围棋棋具除了上述出土于辽墓外，有的来源于窑址和博物馆藏品。其中辽宁江官屯窑址中有陶瓷围棋子，该围棋子以素胎为主，个别印有纹饰或半釉或点釉。北京龙泉务窑址中也出土了辽代围棋子，棋子大部分为素面，少量单面印或刻有梅花、海棠等图案。另外，内蒙古巴林左旗契丹博物馆还存有一些萤石碎磔和玛瑙围棋子。

综上所述，目前所能见的与辽代围棋相关的实物有三类，一为围棋子，一为棋盘，一为围棋类绘画，其中围棋子数量最多。从上述材料来看，辽代围棋子所使用的材质有陶瓷、木、石、蚌、黏土、玛瑙、萤石碎磔七种材质。陶瓷质地的围棋子又可分为素烧和印花两类。直径在1.3至1.8厘米，与现代围棋子大小相近。形制上有两类，一为圆饼形，一为两面微凸。而且从朝阳市纺织厂院内辽墓（墓主人为常遵化）和阜新蒙古族自治县知足山乡罗匠沟辽墓出土的围棋子数量来看（常

遵化墓黑白子各186枚，罗匠沟墓黑白子各180枚），辽朝境内跟宋朝一样使用的是19路棋盘。辽墓出土及契丹博物馆藏的玛瑙围棋子表面都打磨抛光，做工非常精细，在用料方面也很讲究，可见辽代围棋棋具非常精美。

二、辽代围棋运动的特点

辽朝的历史与中原地区五代、北宋的历史相始终。辽朝历代统治者不仅广泛接受中原文化、兴儒学，甚至主动学习中原文化。作为中原文化重要组成部分的围棋运动，以其竞技性娱乐性，得到了上至达官贵族下至平民百姓的欢迎。在辽政权统治的范围内，围棋运动成为随处可见的事物。与此同时，围棋在北宋发展得非常兴盛，在围棋理论方面出了中国古代棋论中的重要文献《棋经十三篇》，还出现了比较系统完整的棋谱《忘忧清乐集》。当时由于南北地区文化的交流，辽宋两个政权经常以政府的名义，进行围棋高手之间的对弈。围棋运动传入辽地后，很快普及并发展起来，且辽朝统治区域内的围棋运动有着鲜明的特点。

1.围棋运动文化氛围浓厚

围棋运动在辽朝统治区域内能够快速传播且兴盛起来，形成了浓厚的围棋文化氛围，当归功于围棋运动千变万化的独特魅力对统治阶级的吸引。宋人沈括在《梦溪笔谈》中说到在十九道的棋盘上"十九路，得一十亿六千二百二十六万一千四百六十七局"，足见围棋的变化之多。而围棋产生之初体现得更多的是其竞技性，即一种尚武精神。《史记集解》引桓谭《新论》载："世有围棋之戏，或言是兵法之类也。及为之上者，远棋疏张，置以会围，因而伐之成多，得到之胜。中者，则务相绝遮要，以争便求利，故胜负狐疑，须计数而定，下者，则守边隅，趋作罫，以自生于小地，然亦必不如"[17]。由此可以看出，每

一位围棋手在下棋时都像是军队统帅。正是由于围棋运动包含着为政治兵之道，所以对统治者有着特殊的吸引力。围棋运动的竞技性吸引了少数精英对围棋的喜爱。而围棋运动不仅具有竞技性，它还是一种休闲娱乐活动，因此也受到普通民众的青睐。考古发现最能说明辽朝统治区域内围棋运动的浓厚氛围。1974年，法库叶茂台7号墓出土以围棋为题材的绢画《山弈候约图》。1993年，河北省张家口宣化辽墓出土围棋壁画《三老者对弈图》。2001年，辽宁省阜新关山辽墓出土围棋壁画《对弈图》。通过绘画的形式表现围棋运动，反映了辽地官民对围棋运动的喜爱，也说明了辽朝境内围棋运动氛围的浓厚。

2.围棋运动群体多样化

辽朝统治者在政治上采用"以国制治契丹、以汉制待汉人"的因俗而治政策。政治上"一国两制"的实行，对文化也产生了重要的影响。辽朝统治者不仅没有抵制中原文化，而且积极吸取中原文化。围棋这种发源于中原文明的益智游戏成为辽朝境内各阶层的宠儿。从出土围棋子的辽墓主人可以看出，辽朝境内参与围棋运动人群的身份有：一为贵族，既有高等级契丹贵族也有一般贵族。辽宁省北镇市耶律弘礼墓墓主人耶律弘礼为辽景宗的曾孙，为宗室贵族。内蒙古奈曼旗陈国公主墓，秦晋国王耶律隆庆之女及驸马萧绍矩，是目前所发现的出土围棋棋具所属主人中身份等级最高的。内蒙古巴林右旗查干勿苏辽墓墓主人，虽没有文字资料可证明其身份，但从墓葬形制及随葬品特点可以推断墓主人应为一般贵族。二为官员，辽宁省阜新蒙古族自治县辽墓墓主人，考古工作者断定为辽代中下层官吏。辽宁省朝阳市纺织厂院内辽墓墓主人常遵化，历任霸州文学参军、霸州归化县令、观察判官，为辽代地方官员。三为平民，在辽代，围棋也受到了普通百姓的欢迎。内蒙古奈曼旗白音昌营子辽墓、辽宁省法库县叶茂台10号墓出土了普通石子打磨的围棋

子，规格较小且加工粗糙，可以推断为经济方面并不宽裕的人所用，由此可以说明围棋在辽代普通百姓生活中已经相当普及。在辽代弈棋的群体中无论是贵族、官员还是平民，既有契丹人也有汉人。不仅如此，在辽代，不仅男性喜爱围棋运动，女子中也有不少围棋爱好者。如辽宁省法库县叶茂台7号墓墓主人，据专家推测应是辽国皇室耶律氏的一位公主。辽宁康平张家窑林场长白山墓群I区2号墓墓主人，根据随葬品的组合特点，可以断定是一位女性。辽宁法库叶茂台23号墓墓主人，根据颅骨、盆骨等特征分析，可能是一位中年女性。如果将陈国公主及驸马合葬墓、张文藻夫妻合葬墓计算在内，在已发现围棋棋具的15座辽墓中，有5座墓主人为女性，因此可以说在辽代喜爱围棋运动的女性的数量也是相当可观的。从参与围棋运动的群体来看，在辽代围棋已经成为了一项全民运动。

3.时间长、地域广

围棋运动传入辽境的具体时间无从考证，但是从考古发掘资料来看，辽代政权建立之初，围棋运动就已经存在了。内蒙古赤峰宝山1号墓出土蚌质围棋子一枚，根据墓葬中出土题记，该墓葬下葬时间为天赞二年（923），那么围棋传入辽境的时间应在923年前，为辽代早期。辽宁省法库县叶茂台7号墓，该墓时间为辽景宗（969—982）时期，应属于辽代中期。河北省张家口宣化辽墓，墓主人张文藻死于辽道宗咸雍十年（1074），道宗大安九年（1093）与其妻贾氏合葬，应属于辽代晚期。从这些出土围棋棋具的辽墓的年代来看，辽代围棋运动的发展贯穿了辽政权的始终。从这些辽墓及遗址所在地域来看，西起河北省的张家口（宣化辽墓），经内蒙古的敖汉旗（白塔子村辽墓）、奈曼旗（陈国公主墓），东至辽宁省朝阳市（纺织厂院内辽墓）、阜新（关山辽墓），南至北京（龙泉务窑址）地区，在这样广大范围内不断有围棋文物的出土，说明辽代

围棋已经普及到了辽政权统治的绝大部分地区。

三、结语

综上所述，辽代政权统治中国北方二百多年的时间，从出土的以围棋为题材的绘画来看，辽代社会具有浓厚的围棋运动的氛围。从弈棋群体来看，具有较高的围棋普及程度和广大的普及范围。玛瑙围棋子的出土，反映了辽代围棋爱好者相当重视围棋运动，具有较高的围棋品位，因此可以说辽代围棋运动具有相当高的发展水平且在全社会高度普及。辽代围棋运动的发展是中国围棋发展史上不可或缺的一环。

① 雁羽：《锦西西孤山辽萧孝忠墓清理简报》，《考古》1960年第2期。

② 李悦：《浅析赤峰地区出土的辽代围棋及当时围棋活动的兴盛》，《知识文库》第18期。

③ 刘桂馨：《辽代常遵化墓出土的围棋子》，《文物》1997年第11期。

④ 辽宁省博物馆、辽宁铁岭地区文物组发掘小组：《法库叶茂台辽墓记略》，《文物》1975年第12期。

⑤⑩⑫《围棋：大辽大宋高手对决 究竟鹿死谁手》，《辽宁日报》2018年7月26日。

⑥ 敖汉旗文化馆：《敖汉旗白塔子村辽墓》，《考古》1978年第2期。

⑦ 孙建华、张都：《辽陈国公主驸马合葬墓发掘简报》，《文物》1987年第11期。

⑧ 苗润华：《内蒙古巴林右旗查干勿苏辽墓》，《辽海文物学刊》1995年第2期。

⑨ 郑绍宗：《河北宣化辽张文藻壁画墓发掘简报》，《文物》1996年第9期。

⑪ 齐晓光等：《内蒙古赤峰宝山辽壁画墓发掘简报》，《文物》1998年第1期。

⑬ 辽宁省文物考古研究所编著：《关山辽墓》，文物出版社，2011年9月。

⑭ 李龙彬、沈彤林：《辽宁法库县叶茂台23号辽墓发掘简报》，《考古》2010年第1期。

⑮ 司伟伟等：《辽宁北镇市辽代耶律弘礼墓发掘简报》，《考古》2018年第4期。

⑯ 北京辽金城垣博物馆编著：《金颜永昼——康平辽代契丹贵族墓专题》，北京联合出版公司，2019年8月。

⑰《史记》卷九一，中华书局，1983年。

（作者单位：北京辽金城垣博物馆）

北京天坛圜丘坛建筑尺度研究

李忠义

圜丘是古时冬至帝王举行祭天的圆形高坛，又称圜丘台、祭天台、拜天台。北京天坛圜丘坛始建于明嘉靖九年（1530），主要建筑有圜丘、皇穹宇及庑殿、神厨、三库及宰牲亭，附属建筑有具服台、望灯台等。圜丘明朝时为三层青色琉璃圆坛，清乾隆十五年（1750）扩建，并改青色琉璃为艾叶青石台面，汉白玉柱、栏。四周绕有两层联檐通脊覆蓝琉璃瓦矮墙，称墙。内墙圆形，外墙正方形，象征"天圆地方"。

一、圜丘坛尺度的演变

北京天坛圜丘工程于嘉靖九年五月开始兴造。《日下旧闻考》引《明嘉靖祀典》载礼臣言："圜丘之制，《大明集礼》坛上成阔五丈，《存心录》则第一层坛阔七丈，集礼二成阔七丈，《存心录》则第二层坛面周围俱阔二丈五尺。盖集礼之二成即《存心录》之一层，《存心录》之二成即集礼之一成矣。臣等无所适从，润色参详，是在皇上裁定。"[①]

单士元《明清天坛史料》"嘉靖九年复初制"中说，当嘉靖议改分祀之先，集礼臣而议圜丘之制，以载籍所著，旧坛尺度不一，无所是从。始诏定三成。《续文献通典》著其事：诏："圜丘第一层径阔五丈九尺，高九尺，二层径十丈五尺，三层径二十二丈，俱高八尺一尺。地面四方，渐垫起五丈（旧闻考作'满垫起五尺'）。"[②]

嘉靖九年十月圜丘建成，圜丘坛径尺度却未俱如明世宗裁定。其根本原因究竟是国库财力窘困？还是天地坛南天门外"地甚隘促"呢？史籍中没有明确记载。"地面四方，渐（满）垫起五丈（五尺）"，告诉后人构建圜丘坛时，南天门外的地势是偏低的。孙承泽《春明梦余录》记述："嘉靖九年，从给事中夏言之议，遂于大祀殿之南建圜丘，为制三成。……坛制：一成面径五丈九尺，高九尺；二成面径九丈，高八尺一寸，三成面径十二丈，高八尺一寸。各成面砖用一九七五阳数，及周围栏板、柱子皆青色琉璃。四出陛，各九级，白石为之。"[③]上述圜丘坛径尺度与我们今用1市尺约等于0.333米的度量单位，不是等同的。杨宽《中国历代尺度考》认为："明尺固依唐宋之旧。武进袁氏藏有一嘉靖牙尺，有款曰'大明嘉靖年制'，长0.317公尺，合一营造尺微弱。"[④]

据此象牙尺演算，嘉靖九年建圜丘台一成面径约18.7米，高约2.85米；二成面经约28.53米，高约2.56米；三成径约38.04米，高约2.56米。通高约7.97米，与今天的圜丘台比偏高许多，偏狭窄许多。

单士元《明清天坛史料》图版三是自《明万历会典》重摹，明嘉靖改建之圜丘总图，图版四是明嘉靖改建之圜丘图（图一、图二）。二图佐证了嘉靖九年所建圜丘是三层的圆台，四出陛。内墙圆墙，棂星石门六，正南三，东、西、北各一。外墙方墙，棂星门如内墙。与圜丘台近在咫尺的皇穹宇圆垣墙直径约与圜丘台上成径基本相当（实际是与圜丘下层径基本相

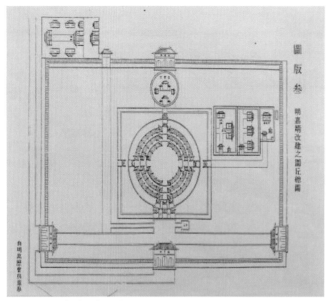

图一　明嘉靖九年改建之圜丘总图（《明清天坛史料》图版三）

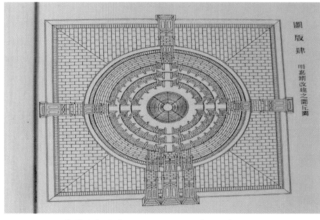

图二　明嘉靖九年改建之圜丘图（《明清天坛史料》图版四）

等）。而且，圜丘台、内墙圆心，方墙的中心点是同心状。

清顺、康、雍三朝沿袭明制。乾隆十五年，乾隆帝因圜丘上狭窄，不敷陈设及行礼之用，诏令实施改扩建圜丘工程。乾隆十八年（1753）竣工。关于改造后的圜丘台，《日下旧闻考》引《大清会典》载：

圜丘在正阳门外南郊，形圆象天。南向，三成。上成径九丈，高五尺七寸；二成径十有五丈，高五尺二寸；三成径二十一丈，高五尺。[5]

金梁《天坛志略》第二章第六节

"圜丘台是科学建筑"中详解："丈量圜丘台的方法，是用古尺丈量三座台的圆径，用今尺（营造尺）丈量三座台的高矮和四周栏杆的长宽高厚。第一成（第一层）台面的圆径，是古尺九丈。取义是阳数的'九'数，这数目名叫'一九'，台高营造尺五尺七寸；第二成（第二层）台面的圆径，是古尺十五丈。取义是阳数的'五'数，这数目名称叫'三五'，台高营造尺五尺二寸；第三成（第三层）台面的圆径，是古尺二十一丈。取义是阳数的'七'数，这数目名称叫'三七'，台高是五营造尺。这三成台面的圆径，九丈、十五丈、二十一丈，三个数目合在一起，共为古尺四十五丈，取义是'九五'两个阳数。"[6]

乾隆改扩建的圜丘即今天我们可以拾级而上游览到的圜丘。《北京志·世界文化遗产卷·天坛志》（以下简称《天坛志》）记："圜丘为圆形汉白玉须弥座石坛，三层，通高5.71米。……其上层坛高1.87米，坛面直径23.65米，……中层坛高1.63米，坛面宽7.83米（坛面径计约39.31米），……下层坛高1.67米，坛面宽7.8米（坛面径计约54.91米）"[7]。

以《天坛志》记圜丘台面径米数，计算乾隆改扩建圜丘时清工部营造尺的尺度，圜丘台面使用尺度：一尺约为0.262米，基本合于"古尺"。坛高使用尺度：一尺约为0.32米，合于清工部营造尺之制。

金梁《天坛志略》第二章第三节"丈量天坛内各种建筑所用的尺"，明确解释：

天坛内各建筑所用的尺，是"古尺"和"今尺"混合使用。这在清代工部营缮司的工匠长（工部委派的大把儿头）们术语中，名叫"鸳鸯尺"。……"鸳鸯尺"中的"今尺"，就是营造尺。其"古尺"根据《清代工部事例》书内说，乃是姬周时代的尺，名叫"周尺"。周尺的长短，是每一周尺，合清代工部营造尺的八寸一分。[⑧]

按杨宽《中国历代尺度考》，清代工部营造尺即民国后通用之营造尺。"民国度量衡法，于四年一月六日公布，以营造库平制与米突制并用，仍采用一公尺合营造尺三尺一寸二分五厘。一营造尺合三十二厘之制。"[⑨]据此可知，金梁上述天坛圜丘坛径所用古尺，一古尺约为0.26米。

对比嘉靖九年所建圜丘，乾隆改扩建的圜丘通高矮了2.1米，着实矮了不少；上成径扩大了约5米，中成径扩大了约10.8米，下成径扩大了约16.8米。圜丘台的宽敞体量总体扩大了约四成。乾隆改扩建圜丘时，虽然相应扩建了圜丘内外墙尺寸，但扩展程度不大。这说明嘉靖九年所建圜丘，内墙距圜丘须弥座坛脚的墙隙地，及外墙距内墙的隙地间距偏宽阔，这也给乾隆改扩建圜丘创造了客观条件。由此推断，嘉靖九年所建圜丘，确实因财力之窘缩小了圜丘台的建筑尺度。

二、明清圜丘坛墙的尺度

《春明梦余录》述嘉靖九年建圜丘：

内墙圆墙九十七丈七尺五寸，高八尺一寸，厚二尺七寸五分。……外墙方墙二百四丈八尺五寸，高九尺一寸，厚二尺七寸。[⑩]

《天坛志略》第二章第五节"圜丘坛各建筑位置次序和沿革"中详述明嘉靖九年所建内外墙尺度：

圜丘坛的四面，有两层矮墙。这种矮墙名叫"墙墙"。外层的墙墙，名叫"外墙"，又叫"墙外墙"，俗名叫"外墙墙"。墙外墙是正方形。……这墙外墙是

明世宗朱厚熜嘉靖九年（1530）创建的，明朝时的厚墙周长营造尺一百八十二丈，高营造尺八尺五寸，厚二营造尺。墙顶是绿色琉璃瓦。……第二层墙墙，名叫"内墙"，又叫"墙内墙"，俗名叫"内墙墙"。……墙内墙是正圆形。和外墙墙一样，这墙内墙也是明世宗朱厚熜嘉靖九年创建的。明朝的厚墙周长营造尺九十七丈五尺，高六营造尺，厚二营造尺。墙顶是绿色琉璃瓦。[⑪]

孙、金所述明嘉靖九年所建圜丘内外墙略有差异。盖《春明梦余录》所用系清工部营造尺，"一营造尺合三十二厘米之制"。《天坛志略》所用系明嘉靖年间营造尺，"长0.317公尺，合（清）营造尺一尺微弱"。

九十七丈七尺五寸的内墙圆墙，其直径约为31.16丈，按明官尺约为99.7米。外墙方墙二百零四丈八尺五寸，其边长约等于51.21丈，按明官尺约合163.87米。按《春明梦余录》圜丘坛墙记述，嘉靖九年所建圜丘三层高坛所占面积约38平方丈，仅占方墙面积2622平方丈的1.5%。是一个面积非常狭窄的高坛。从而进一步印证了嘉靖朝"营建繁兴，府藏告匮"[⑫]了。

乾隆改扩建后的圜丘，《日下旧闻考》引《大清会典》记载：

内墙形圆，周百有六丈四尺，高五尺九寸。墙门四，皆六柱三门，柱及楣阀皆白石，扉皆朱棂。……外墙形方，周二百十丈一尺，高八尺六寸，门制与内墙同。[⑬]

《天坛志略》记，乾隆改扩建后的圜丘坛内外墙尺寸：

墙外墙是正方形，高营造尺八尺六寸（见清会典。而清会典事例，则作九尺一寸），厚营造尺二尺七寸，周长营造尺二百一十丈一尺（见清会典。而清会典事例，则作二百零四丈八尺五寸）。墙顶覆盖蓝色琉璃瓦。……墙内墙是正圆形，高营造尺五尺九寸（见清会典。而清会典事例，则作八尺一寸），厚营造尺二尺七寸

五分，周长营造尺一百零六丈四尺（见清会典。而清会典事例，则作九十七丈七尺五寸）。墙顶覆盖蓝色琉璃瓦。⑭

王贵祥《北京天坛》述圜丘："坛外用两层墙垣，内墙为圆形，周长106.4丈（340.48米），高5.9尺（1.89米）；外墙方形，周长210.1丈（672.32米），高8.6尺（2.75米）。"⑮王教授所记与《清会典》记载完全相符。

《天坛志》记载：圜丘设垣两重，称为墙，内重为内墙，外重为外墙。内墙形圆，外墙形方。内外墙砖作，俱干摆到顶，上覆蓝瓦，联檐通脊。内墙周长325米。……外墙红墙，亦覆蓝瓦，仍为联檐通脊，周长670.4米⑯。

按《天坛志》记述圜丘坛内外墙周长，计算可知圜丘内墙使用尺度系1尺0.3米，方墙尺度是1尺0.32米。《天坛志》记述的圜丘坛内外墙尺寸应即乾隆改扩建后圜丘内墙外墙尺寸，并与嘉靖九年所建圜丘坛内外墙尺寸扩展变化不大。虽然史籍没有记载嘉靖九年所建圜丘坛内外墙是否是土垒矮墙，但按嘉靖十七年（1538）改建皇穹宇圆垣墙系纯土垒，内外抹青灰之墙，推断圜丘内外墙亦应是土垒抹青灰之墙。

三、皇穹宇的建造尺度

《天坛志》记述：皇穹宇在圜丘之北，是存贮祭天正位及配位、从祀位神版的场所，又称天库。……始建于嘉靖九年，初名泰神殿（庑殿顶。六楹，五开间），嘉靖十七年重建后易名为皇穹宇。……由于泰神殿与圜丘近在咫尺之距，地甚隘促，既兴改造工程，须先拓其地，遂将成贞门北移数十丈（约北扩80余米），即成贞门旧址建皇穹宇。……新建皇穹宇为圆形殿宇，重檐攒尖，覆绿色琉璃，内外旋转八柱。在正殿左右增设庑殿，环以垣，前建券门，垣内以琉璃砖及杂石墁地⑰。

单士元《明清天坛史料》图版五，有自《明万历会典》重摹，明嘉靖建皇穹宇图（旧名泰神殿），佐证嘉靖十七年改建成的皇穹宇是重檐攒尖顶（图三、图四）。按建造时间分析，皇穹宇比嘉靖二十一年（1542）建成的祈谷坛大享殿早约四年时间。据北京潭柘寺今住持寺僧讲，嘉靖帝亲自摹皇穹宇及大享殿图，其实是仿"先有潭柘寺，后有北京城"之潭柘寺楞严坛而创绘。

图三 皇穹宇

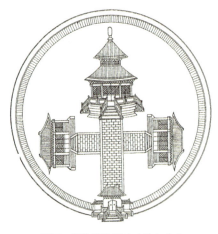

图四 明代泰神殿改建为皇穹宇

实地勘测可知皇穹宇的位置恰恰位于原天地坛南天门（嘉靖九年改名成贞门）的位置。皇穹宇圆垣北墙，即回音壁北外墙距成贞门约50米，加上皇穹宇围垣半径约30米，进而证实"地基隘促，既兴改造工程，须先拓其地，遂将成贞门北移数十丈"。

乾隆十七年（1752），乾隆诏改皇穹宇规制，遂兴改造工程。将皇穹宇正殿重檐攒尖顶，改为单檐攒尖顶。关于改建后的皇穹宇，《日下旧闻考》引《大清会典》亦有详述：

坛北门后为皇穹宇，制圆，南向，环转八柱，圆檐，上安金顶。基高九尺，径五丈九尺九寸，石栏四十有九，东西南三出陛，各十有四级。左右庑各五间，一出陛，殿庑覆瓦，均青色琉璃。围垣形圆，周五十六丈六尺八寸，高丈有八寸，南设三门，崇基石阑，前后三出陛，各五级。[18]

《天坛志略》详述皇穹宇："四周的围墙，并不是方形的，乃是正圆形。这当然是为符合'天圆地方'之说了。清代工部工匠，管这种墙叫'扇面墙'。因为墙外面的圆周长，墙内的圆周短，所用的砖不是扇面形状，则无法砌了。围墙的圆周，共长营造尺五十六丈六尺八寸，高营造尺一丈零八寸。在远远的一望仿佛像一座蓝色大琉璃筒子。门内正北面是正殿，名称就叫'皇穹宇'。……皇穹宇的殿房，是建筑在一座圆形汉白玉石殿座上。这个殿座的圆周，为营造尺十三丈零七寸，高九营造尺（见《大清会典》和《天坛纪略》）。殿座的圆径为营造尺五丈九尺九寸（见《大清会典》）……"[19]

金氏关于皇穹宇的记录与《日下旧闻考》引《大清会典》所述皇穹宇围墙圆周长度、皇穹宇殿座圆周长度，完全一致。

《天坛志》圜丘坛建筑群中记述："皇穹宇正殿……圆形单檐攒尖建筑，蓝色琉璃，鎏金宝顶，通高19.2米，直径15.6米，……正殿殿基为青白石须弥座，绕以汉白玉栏板，东西南三向出陛，阶俱十四级，南向出陛中枕以御路，御路浮雕双龙戏珠及海水江崖。陛前有神道，为白石铺就，第三块白石即为'三音石'。……皇穹宇左右配殿俱为歇山顶调大脊建筑，五踩斗拱，旋子彩画。……皇穹宇垣环殿而设，垣圆形，高3.72米，厚0.9米，上覆蓝色琉璃瓦，联檐通脊。"[20]

按《大清会典》《天坛志略》记述的皇穹宇垣墙周长56丈6尺8寸，其直径约为18.04丈，按清工部营造尺约57.74米。

王贵祥《北京天坛》实测皇穹宇圆形垣墙："根据现代实际测量，其围垣仅高3.72米（1.16丈），厚0.9米（0.281丈），而其直径为61.5米（19.22丈），周长193.2米（60.38丈）。因而，若不是古人的记载有误，那么就有可能是上文中记载的改建前的尺寸，而在后来的改建与修缮中，尺寸有所变化。"[21]

四、关于圜丘坛域的"地基隘促"问题

《明史》卷四十八郊祀之制记载："嘉靖九年，世宗既定《明伦大典》，益覃思制作之事，郊庙百神，咸欲斟酌古法，厘正旧章。……已而命户、礼、工三部偕言等诣南郊相择。南天门外有自然之丘，咸谓旧丘地位偏东，不宜袭用。礼臣欲于具服殿少南为圜丘。言复奏曰：圜丘祀天，宜即高敞，以展对越之敬。大祀殿享帝，宜即清閟，以尽昭事之诚。二祭时义不同，则坛殿相去，亦宜有所区别。乞于具服殿稍南为大祀殿，而圜丘更移于前，体势峻极，可与大祀殿等。制曰'可'。于是作圜丘，是年十月工成。"[22]

从这段《明史》中可以捕捉的历史信息有：一、嘉靖九年世宗已经深思郊坛分祀制作，厘正旧章之事。但因"诸臣固请保留大祀殿为祈谷坛"，而犹豫不决；二、天地坛南天门外虽有自然之丘，因地

位偏东被世宗否决；三、礼臣打算在天地坛具服殿少南作圜丘被夏言的复奏否定；四、夏言复奏建议在天地坛具服殿稍南建享帝祭祀性质的大祀殿（实为大享殿，不同于天地坛下坛上屋合祀之制的大祀殿），再往南作圜丘，宜即高敞，以展对越之敬。世宗采纳了给事中夏言的复奏。

但实际构建操作并未完全按夏言的复奏在具服殿稍南作大享殿，再南作圜丘坛，"以展对越之敬"，而是在南天门外构建圜丘和泰神殿。过了十一年（嘉靖二十年，1541），嘉靖帝下旨拆除了天地坛大祀殿，在其原址处，亲自作大享殿图像，二十四年（1545）构建成大享殿。试想，如果嘉靖九年按夏言的奏议在具服殿稍南构建大享殿和圜丘坛，祈谷坛建筑群势必失去整体风貌，那么我们今天就观览不到长达360米的丹陛桥了。

如果嘉靖十七年不改建泰神殿为皇穹宇，似乎尚未凸显圜丘坛域"隘促"问题。其实，圜丘坛所占之地原为天地坛南天门外象征"皇天厚土"之地。原天地坛南内坛墙至南外坛墙南北距离600余米。嘉靖"更正祀典"追求遵循古代礼制，在天地坛南内坛墙与南外坛墙之间加筑了圜丘坛东西南三面的内坛墙，除了嘉靖十七年向北移建的原天地坛南天门外，又构建了泰元、广利、昭亨三座圜丘坛坛门，造成圜丘坛域南北间距仅为500余米，明显"隘促"了，致使泰元、广利二门位置偏南构建，同时昭亨门到圜丘坛外壝南棂星门的神道长度仅170余米，比起祈谷坛成贞门到祈谷坛砖城南砖门长达360米、宽约28米的"海墁大道"的确逊色不少。

天坛的坛域，《天坛志略》"天坛内外坛墙规制和沿革"中记述颇详：

天坛内外两层围墙，都是明朝成祖朱棣的永乐十八年（1420）所建。……明朝的天坛外坛墙，名义上虽是土墙，事实上是建有灰筒瓦房脊，两面出殿檐的小土城。土墙的周围共长一千九百八十七丈五营造尺，高营造尺一丈一尺五寸，墙基厚八营造尺，墙顶厚六营造尺。……明朝的天坛内坛墙，和外坛墙又不一样了。内坛墙周围，共长营造尺一千二百八十六丈一尺五寸，高营造尺一丈一尺，墙基厚九营造尺，墙顶厚七营造尺。这层内坛墙，虽然也是土墙，但是墙的顶上是殿脊而两面都有走廊。走廊的宽度是营造尺六尺八寸。是有殿脊走廊的土城。[23]

按清工部营造尺演算永乐时筑天地坛的外坛墙周长约6360米，内坛墙周长约4115.7米。内政部北平坛庙管理所《天坛纪略》"区划"目下载："天坛系圜丘、祈谷两坛之总名。缭垣两重。俱前方后圆。外垣周一千九百八十七丈五尺。内垣周一千二百八十六丈一尺五寸。"[24]

王贵祥《北京天坛》记天坛坛域：外坛墙周长6553米，南北墙距离为1657米，东西墙距离为1703米，总占地面积273万平方米；天坛的内坛墙（祈谷坛北天门至圜丘坛昭亨门）南北长1283米，东西宽1025米，周回4152米，占地面积约为130万平方米[25]。王贵祥所述与《天坛公园志》所附，按比例尺绘《清代天坛全图》基本吻合（图五）。

仔细勘测及参阅《天坛志》记述可知：祈谷坛建筑群内坛墙南北距离约750米，其中丹陛桥长360米，祈谷坛砖城长187.5米，皇乾殿小砖城南北长约45米，北天门至皇乾殿小砖城约155米；而圜丘坛建筑群内坛墙南北距离仅500余米。其中昭亨门内神路175米，圜丘坛外壝边径168米，皇穹宇前后神路约100米，皇穹宇围墙垣径61.5米（图六）。

嘉靖九年圜丘坛的建设是利用永乐十八年天地坛南天门外坛域规划建设的。用南北长500余米的地界构建外壝边长168米的圜丘坛，170余米长的圜丘坛神路，直径60余米的皇穹宇，并与祈谷坛建筑群构建在一条中轴线上。由低矮壝墙所环绕的圜丘，以其平阔舒展的三层汉白玉坛台，在周围郁郁苍苍的柏林映衬下，凸显高贵、博大，站立其上似乎有触摸天穹的

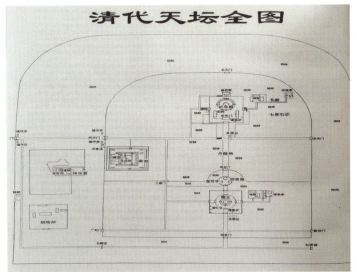

图五　《天坛公园志》中按比例尺绘制的《清代天坛全图》

感觉。

《明史》卷四十八"祈谷"记载："因诸臣固请，乃许于大祀殿祈谷，奉二祖配。嘉靖十年，始于孟春上辛日行祈谷礼于大祀殿。礼毕，帝心终以为未当……"[26] 又"大飨礼"记载，到了嘉靖二十一年敕谕礼部："季秋大享明堂，成周礼典，与郊祀并行。曩以享地未定，特

图六　天坛圜丘内外墙

祭于玄极宝殿，朕诚未尽。南郊旧殿，原为大祀所，昨岁已令有司撤之。朕自作制象，立为殿，恭荐名曰泰享，用昭寅奉上帝之意。""乃定岁以秋季大享上帝，奉皇考睿宗配享。行礼如南郊，陈设如祈谷。明年，礼部尚书费寀以大享殿工将竣，请帝定殿门名，门曰大享，殿曰皇乾。及殿成，而大享仍于玄极宝殿，遣官行礼以为常。"[27]

从中我们可以读识到，嘉靖年间能够保留永乐十八年筑天地坛的总体建筑格局，一是嘉靖帝出于对明成祖朱棣的敬畏之心，二是"敬天"之礼使然，三是也有"诸臣固请"之奏本。

虽然，嘉靖帝"更正祀典"，在天地坛南天门外建圜丘和皇穹宇，将原天地坛南内坛墙中段北移数十丈，墙中段呈"弧形"；并将"界墙"加高砌筑约3尺，用大号带铭城砖里外包砌，成了名副其实的"隔墙"；虽然嘉靖二十年下诏拆除了大祀殿后在其原址构建了大享殿，同时拆除了具服殿。但若按嘉靖九年给事中夏言之复奏或礼臣之言，在天地坛具服殿稍南作圜丘或大享殿，始建于永乐十八年的天坛、地坛原有格局必然遭到破坏。但庆幸的是，天坛祈谷坛建筑群的整体格局基本得以保护，大祀殿改建为大享殿，更凸显了祈谷坛的"高敞过之"，更显得祈谷坛建筑群的博大精深、宏伟壮丽了。

①② ［清］于敏中等：《日下旧闻考》，北京古籍出版社，1983年，第920页。

③⑩ ［清］孙承泽：《春明梦余录》，北京古籍出版社，1992年，第192页。

④　杨宽：《中国历代尺度考》，商务印书馆，1938年，第118页。

⑤〔清〕于敏中等：《日下旧闻考》，北京古籍出版社，1983年，第922页。

⑥ 金梁：《天坛志略》自刊油印本，1953年，第18页。

⑦ 北京市地方志编纂委员会：《北京志·世界文化遗产卷·天坛志》，北京出版社，2006年，第30-31页。

⑧ 金梁：《天坛志略》自刊油印本，1953年，第6页。

⑨ 杨宽：《中国历代尺度考》，商务印书馆，1938年，第121页。

⑪ 金梁：《天坛志略》自刊油印本，1953年，第8-9页。

⑫《明史》，中华书局，1974年，第250-251页。

⑬⑱〔清〕于敏中等：《日下旧闻考》，北京古籍出版社，1983年，第923页。

⑭ 金梁：《天坛志略》自刊油印本，1953年，第9页。

⑮ 王贵祥：《北京天坛》，清华大学出版社，2009年，第201页。

⑯ 北京市地方志编纂委员会：《北京志·世界文

化遗产卷·天坛志》，北京出版社，2006年，第31页。

⑰ 北京市地方志编纂委员会：《北京志·世界文化遗产卷·天坛志》，北京出版社，2006年，第38-39页。

⑲ 金梁：《天坛志略》自刊油印本，1953年，第12页。

⑳ 北京市地方志编纂委员会：《北京志·世界文化遗产卷·天坛志》，北京出版社，2006年，第38页。

㉑ 王贵祥：《北京天坛》，清华大学出版社，2009年，第186-187页。

㉒《明史》，中华书局，1974年，第1247-1250页。

㉓ 金梁：《天坛志略》自刊油印本，1953年，第7-8页。

㉔ 民政部北平坛庙管理所：《天坛纪略》铅印本，1933年，第1页。

㉕ 王贵祥：《北京天坛》，清华大学出版社，2009年，第8-9页。

㉖《明史》，中华书局，1974年，第1256页。

㉗《明史》，中华书局，1974年，第1261-1262页。

（作者单位：《北京工业志》编辑部）

明代太学生王鸿墓志考释

张 珍

《太学生渐斋王君墓志铭》（以下简称《志》）出土于河北省景县，现藏景县文管所。《志》长53厘米、宽53厘米、厚9厘米，左下角残缺。志文25行，满行26字，楷书，全《志》合654字，除少数字迹漫漶难辨外，大多可识（图一）。撰者刘桂，书丹者刘聪，篆盖者宁福忱。该《志》所述为明代太学生王鸿的生平及事迹，王鸿虽然是太学生但终其一生也未获授一官半职。笔者查阅资料发现，考古发现太学生墓志不在少数，已发表者如《太学生潘允修夫妻合葬墓墓志铭》《太学生项思尧圹志铭》等，但对志主仅为太学生，与其他历史人物无重要关系的墓志的考释的几乎没有。对终生未授官的太学生墓志的考释，有助于加深对明代的太学教育、太学生仕途出路及社会地位等问题的理解，也为史书记载的一些明代太学教育的史料提供了实例。为便于讨论，兹录志文如下（文中标点为笔者所加，"□"表缺字）：

太学生渐斋王君墓誌銘

嘉靖二十一年四月十日

□□太學生漸齋王君墓誌銘，直隸景州儒學訓導東昌劉桂撰，山西澤州儒學訓導郡人劉聰書，山東沂水縣儒學訓導郡人甯福忱篆。

直隸河間府景州王君鴻字來賓，漸齋其別號也，先世貫山東青州博興縣籍，密邇孔孟之邦，其流風餘韻不失遺矩。屆曾祖浩，以富民遷，實景州，遂占籍焉；生祖貴，綽有隱德，不樂仕進；生父昌，樂善循理，務本好施，用是隤於冥冥之

中，其富遂甲於一郡。乃益崇尚儒雅，交游宏博，遠近知有王永康矣，永康乃父之表德也。生子四，伯諱鴛，字君儀；仲諱鳳，字來儀；季諱鶴，字來壽，皆衣冠楚楚者，叔子即漸齋也。據生時甫弱冠補郡庠弟子貟。徧友一鄉之善士，嘗往來瀛海間；徧友一國之善士，及援例入成均；又尚友天下之善士，噫嘻使其豐之以年，其所就豈止此哉！厥正室張氏聞德，真足以敵體漸齋，乃於嘉靖庚子歲正月四日告終，享年四十有三。漸齋居側學宮，偶膺一疾，鳳陵子葦，素締道義之交，臨視臥內，祇以為適，然詎意竟至不□。嗚呼悲哉！卒於配之同歲七月七日，享年亦如之。生子五，長曰□□，應例太學生，娶郡人蘇待女，近卒，継聘阜城錢沂女；次曰長□□□□致仕大尹施恩女；次曰樞，娶郡人太學生張藻女；又次□□□□裸。女二，長適郡人三尹張雲鵬子大謨；次許聘故□□□□□□□。今卜嘉靖壬寅歲四月十日為屬壙之辰，先□□□□□□□□□鳳陵子銘曰："膏腴田壤，阡陌鱗鱗，兼倍青黃，□□□□□□惟事恂恂，欲擴其才，尚友彬□□□□□□□□跨美先人，一德振振。奈何□□□□□□□□□用慰肫肫。"

一、王鸿的身份及家世

王鸿，字来宾，别号渐斋，《［隆庆］景州志》载："王鸿，例贡生。"[①]志文所载"遍友一国之善士，及援例入成均"

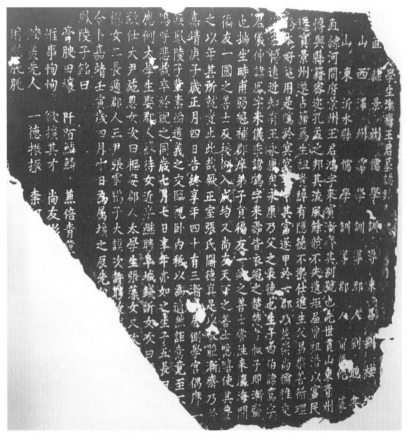

图一　明代太学生渐斋王君墓志拓片

明代国子监又称太学，因此监生又称之为太学生。

王鸿墓志的出土提供了其人家世相关信息，志文载"王鸿先世贯山东青州博兴县籍……曾祖浩，以富民迁实景州，遂占籍焉"。王鸿的曾祖王浩，作为富民从山东青州迁到河北景州充实当时景州的人口并占籍。占籍制度是明初固定移民的一种方式，《明史》有"以占籍附流民"[④]的记载。《景州志》载："明景州属河间府，领县三：故城、东光、吴桥。"[⑤]《嘉靖河间府志》载："河间地方广□，土地平夷，乃历代用武，天下必争之地也。而民之苦于战，死于兵戈者盖屡屡矣。降及金元斩杀尤甚，民之生于斯者十无一二存焉。至我国家始迁其民以实之生养休息。"[⑥] 说明元末明初的战乱使河间府的人口急剧减少，明政府为了恢复经济与民修养，对河间府进行了移民，使河间府人口充实。明朝洪武至永乐五十多年间，明政府为了修复因频繁战乱导致的人口分布不均衡、进一步巩固统治，开展了多次大规模的移民活动。

记述志主为援例监生，也称为"例监"，这一记述与《[隆庆]景州志》所记王鸿"例贡生"这一说法有很大差别。嘉靖以后有人将"援例"与"例贡"混用之，据《皇明太学志》载："宣德、正统、天顺年间由乡学四十五岁或四十岁以上生员考选起贡充太学生者才称为'例贡'；其纳粟纳马纳银，援入赀例充太学生者称援例生，今亦称例贡，非也。"[②]可知明代有将"例贡"与"援例"混用的现象。《[隆庆]景州志》载："王鸿，例贡生。"此处例贡应为"援例"之意。援例监生是指缴纳一定的银钱粮草、马匹从而取得入国子监读书机会的人员。综合志文及《[隆庆]景州志》所载，志主王鸿应是通过缴纳一定的银钱或者马匹、粮草入监读书，取得监生资格。明代监生是指在国子监读书的人员，《明史》载："府州县学诸生，……入国学者通谓之监生。"[③]

关于志主王鸿先祖迁到景州的时间，在明初大规模的人口迁徙中，明太祖朱元璋以"山东地宽民不必迁"为由未移山东之民，反而屡迁山西之民入籍山东东昌、临清等地区，因此洪武年间将山东之民外迁的可能性很小。永乐年间从山东迁往河北的移民有记载的共有四次，分别是：永乐四年(1406)，湖广、山西、山东等郡县吏李懋等二百十四人言愿为民北京，命户部给道里费遣之；永乐五年(1407)，命户部徙山西之平阳泽潞，山东之登莱府等府州民五千户，隶上林苑监牧养栽种；永乐七年(1409)，山东安丘县民刑义等言，本邑人稠地隘无以自给，愿于冀州枣强占籍为民，从之，仍命户部徙青州诸郡民之无业者居冀之，凡徙八百余户；永乐十四年(1416)，徙山东、山西、湖广民二千三百余户于保安州免赋役三年，未发现明代官方从山东青州向河北地区景州迁移人口的记载。经过从永乐元年（1403）至永乐十五年（1417）的多次移民后，移民的作用已经初步显现，永乐后大规模移民就很少举行。宣德五年（1430），陕西汉中府因为人口较少希望移民，经过六部议奏，一致建议"天下郡县人民版籍已定，产业有恒，若逐迁之他乡，不无惊扰，不可迁"⑦，所以盛行于永乐年间的移民政策，就如《明史·食货志》所云："自是以后，移徙者鲜矣。"⑧综合上述，明初山东作为移民输出地开始于永乐年间，永乐年间有多次山东移民迁入河北地区，这些移民包含自愿迁居的官吏、流民、无产业者、富民等，且经过永乐年间大规模的移民活动，已经起到了均衡人口恢复农业的效果，自永乐后官方组织的移民几乎很少，因此笔者推测王鸿的先祖是明永乐年间从山东青州迁到河北景州并占籍的。

关于富民，洪武二十四年（1391）明太祖下令向京师迁徙富民，《明太祖实录》载："……朕今欲令富民入居京师，卿其令有司验丁产殷富者分迁其来。"⑨在永乐元年迁徙富户时，《明会典》关于富户有如下记载："永乐元年，令选浙江、江西、湖广、福建、四川、广东、陕西、河南及直隶苏、松、常、镇、扬州、淮安、泸州、太平、宁国、安庆、徽州等府无田粮并有粮田不及五百、殷实大户、充北京富户、附顺天府籍，优免差役五年。"⑩虽然有记载的向河北地区迁徙富户只有一次，但从其他关于迁移富户的记载中可以对明初富民的具体占有财富情况知晓一二。所谓"丁产殷富""殷实大户"多是指持有较多社会财富的地主，"无田粮并有粮田不及五百"，无田粮并不是指贫民而是指占有相当财富的商人，以及拥有一定数量的田产又从事商业经营的商人。志主王鸿先祖以富民身份迁入景州并占籍，王鸿的父亲富甲于一郡，结合明初对富民的记载可窥见王鸿家族的财富占有情况。占有相当社会财富的富户期望进一步提高自己的社会地位，志主王鸿的父亲乐善好施，便是期望提高社会地位赢得尊敬的一种方式。《景州志》载："王昌字永康，弘治六年饥，捐粟作糜粥活人。里中婚葬于役辄知其乏慨然以金相赠，赗甚厚士宾兴馈赆必丰，一时义声动都下。一日过市遇屠牛者，牛长跪哀鸣，昌倍价赎归之，至死乃埋之。"⑪《景州志》记述了王昌捐粟救助受灾的乡民，赠与邻里婚葬费用，并救下一头即将被宰的牛等事迹，对其德行大加赞扬，与志文所述王昌乐善好施一致。根据墓志可列出王鸿

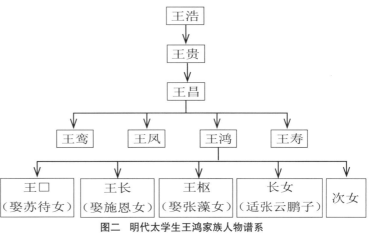

图二　明代太学生王鸿家族人物谱系

一族世系如图二。

二、志中所涉其他人物

墓志撰者刘桂，《[隆庆]景州志》载："刘桂山东东昌卫人、贡士、训导。"⑫与志文所载刘桂为直隶景州儒学训导基本一致。训导为官名，明代府、州、县学均置训导，辅助教授、学正、学谕教诲生员。明洪武二年（1369）令天下府、州、县各建儒学，并对儒学的官员设置进行了规定。据《明太祖实录》载："府学设教授一员，训导四员；州学设学正一员，训导三员，生员三十人；县学设教谕一员，训导二员，生员二十人。"⑬但这些学官中只有教授属于"流内官"，从九品，其他皆"未入流"⑭。

书丹者刘聪，《[隆庆]景州志》载："刘聪，岁贡，泽州训导。"⑮与志文所载基本一致。

篆盖者宁福忱，《[隆庆]景州志》载："宁福忱，岁贡，沂水县训导。"⑯与志文所载基本一致。

张藻，志主王鸿姻亲，志主次子娶郡人太学生张藻女。《[隆庆]景州志》载："张藻，例贡生。"⑰前文已对援例与例贡混用现象进行了说明，因此张藻应为援例监生。

张云鹏，志主王鸿长女适郡人三尹张云鹏子大谟。《[隆庆]景州志》载："张云鹏，例贡生，莱阳县主簿。"⑱说明张云鹏也为援例监生。主簿为低级官吏，三尹也是对低级官吏的称呼。

上述志中人物与志主共六人，其中两人为岁贡生（宁福忱、刘聪），一人为举人（刘桂），三人均为儒学训导；三人为援例监生（王鸿、张藻、张云鹏），其中王鸿、张藻终身为太学生未授官，张云鹏为莱阳县主簿。此处列出以上六人出身及授官情况，便于下文对明代不同种类生员仕途出路等问题进行讨论。

三、关于明代援例入监制度

志主王鸿"援例入成均"，为援例监生，明代国子监的生员主要有四种，据《明史·选举志》载："入国学者通谓之监生，举人曰举监；生员曰贡监；品官子弟曰荫监；捐资曰例监。"⑲明初至景泰年间，监生的种类主要是举贡、岁贡、恩贡三种，其中举贡及岁贡占监生的绝大多数，例监出现在景泰年间。景泰改元，以"边围孔棘，凡生员纳粟上马者，许入监，限千人而止"⑳，此为纳资入监之始，从诏书内容看准许纳资入监的原因为边关战事吃紧，纳资对象为府、州、县学生员即府、州、县学在读人员，且对人数做了限制，限一千人，说明此项政策是一次性的，为了缓解边关战事压力的权宜之计。但是到了景泰四年（1453）四月又规定："能出米八百石于临清、东昌、徐州三处赈济，愿入监读书者，听之。"㉑到五月又规定："令生员纳米入监者比前例减三百石。"㉒景泰四年礼部奏："……临清县儒学增广生员王铭等四人各愿输米五百石入国子监读书，景帝从之。"㉓此为纳米之数从八百石降为五百石的实例，纳米之数的减少说明了政府吸引生员捐纳的迫切性。景泰元年为缓解边关战事危机首开纳粟入监，景泰四年因赈灾又开纳粟入监之门是援引景泰元年纳粟之例，因此称为"援例"，此为援例制度的由来。

明中期，允许纳资入监的事项不断增多。正德时，"为营建宫室，或总理赈济，或防御房寇，或为传奉事，或为重大灾伤、急切民患早为计处以保安地方事，于是纳银之途益广矣"㉔。不仅如此，援例入监对象的门槛也经历了一个逐渐降低的过程，《明史》有："开纳粟之例，则流品混淆，且庶民亦得援生员之例以入监"㉕的记载。从景泰元年至正德年间止，仅为生员援例即府州县学生员援例入监，非生员则不许。到了嘉靖时期除了生员外民生亦可援例，嘉靖四年（1525）复开援例之制，"两京十三省限不过五千人"，"虽青衣及俊秀子弟皆得入监"。"青衣"，是指在社学读书的童蒙，"俊秀"是指非由儒学或社学出身的无学历的官民子弟，青衣及俊秀都是民生。根据志文所载志主年龄，推测志主王鸿生活在明代弘治至嘉靖时期，志文载王鸿"据生时甫弱冠补郡庠弟子……"郡庠弟子是对府州县学生员的称呼，补郡庠弟子即入选到府、州、县学读书，即志主是以生员身份援例的。隆庆以后，援例对象的门槛又降低，除了生员、民生外，儒学和发社斥退者也可援例，援例对象进一步扩大，曾经因犯错被开除的生员也可以通过援例入监读书。开例缘由的广泛化，次数的增多，援例对象门槛的逐步降低，使越来越多掌握一定财富的人取得了入监读书的机会，一定程度解决了明朝政府的经济危机，也使得本为权宜之计的政策，逐渐转变为定例。

明初设太学意在培养人才，也显示了政府对人才的重视，明代国子监生可以不必经科举，通过坐监、历事直接授官。虽然科举取士为明代入士的主流，但是国子监生依然可取得任较低级别官吏的机会，这也是"援例入监"屡屡受追捧的重要原因。富商大贾在掌握了一定的社会财富后为了寻求更高的社会地位，希望把自己的子孙送到国子监以期跻身士人阶层，从而彻底改变商人出身的命运。家境富裕的商贾子弟入监后往往积习难改，不思课业、漠视监规，好享乐交友，志文中志主"遍友一国之善士""又尚友天下之善士"都说明了援例监生入监后游历太学，交友广阔的现象。大量的援例监生进入太学使太学生的质量越来越差，致使"太学不文"的说法多有流传。援例制度的愈演愈烈带来的不仅仅是太学生数量剧增，质量下降，还带来了官场腐败以及监生出路的阻滞。援例监生在坐监、历事等事项上都通过纳银来完成，以期快速取得授官的机会，其本质即是买官。此种做法，对国子监中认真坐监、历事的其他监生来说无疑是不公平的，而且也扰乱了监生晋升的正常通道，大量的国子监生可能从入监到去世也未捱到授官，志主王鸿、王鸿姻亲张藻这样终身未授官的太学生不在少数。

四、关于明代教职的选取制度

明代教职虽官阶职位甚低，但又为各地官学之师，有传道受业解惑之能，往往受人尊敬，这种处境使明代担任教职之人地位非常尴尬，故而有"秩微而望隆"[26]之说。举人充教始于洪武初期，洪武五年（1372）中举的吉水人王省就是一例[27]，洪武十七年（1384）复设科举，次年即规定以会试下第举人俱授学正、教谕，举人充教者逐渐增多。洪武三十年（1397），确定副榜举人（会试未中试但中副榜者）例授教官和下第举人（会试未中试亦未中副榜者）就教必经考选的制度。因教职为"不入流"之官，且就任教职后升迁困难，薪资微薄，副榜举人、下第举人多不愿就教，到了明代正统年间举人不愿就教的情况甚为突出，然而府、州、县学教官多有空缺，因此朝廷下令降低教职选取的门槛。景泰七年（1456）时，吏部直接考选通过礼部复试的岁贡生员充教，此为岁贡充教之始，自此以后岁贡充教成为学官的主要来源。《明英宗实录》载："……前者，吏科给事中李赞等以天下卫、府、州、县学，校官一员，有缺一、二员者，有缺三、四员者，甚至全缺，或委阴阳、医学掌署印信，或委典史、生员代领学事，奏乞取南、北二京国子监坐堂、依亲监生，副榜下第举人各衙门历事、办事，吏部听选监生愿就教职者，除副榜举人不考外，其余俱送翰林院考试，取其中式者选用，已有旨准之矣。然臣等见前者监生二百余人，考中仅四十余人，其余未考者大约不过二三百人，如前考中亦不过百有余人而已。不足补教官见缺之数。其天下岁贡取中生员亦多有堪任教职者，乞亦令考试选用。从之。"[28]此奏陈述了教官缺乏的情况以及副榜举人愿参加选任教官考试者甚少，不足以补教官之空缺，建议从岁贡生员中选取教官诸事。墓志撰者刘桂、书丹者刘聪，篆盖者宁福忱三人，均为训导，且据《[隆庆]景州志》载，刘桂为贡士，贡士即举人，刘聪、宁福忱为岁贡生员，因此推测此三人应为通过"副榜、下第举人充教""岁贡充教"这些途径获得担任训导的机会。

关于"学官"的升迁，在明初《科举成式》中规定学官不许参加科举考试，这一规定最初的目的是为了让学官专心教职，但是不许参加科举考试使学官们失去了唯一的通过科举考试改变命运的机会。学官的升迁多是在学官系统内部进行，且要经过九年一次的考核才能升一级，多数学官能捱到升两级就已经到了退休的年龄。副榜举人、下第举人如不就任教职，继续参加会试或者入国子监历事以等待授官机会，既有可能或授七品官，与就任教职差别很大。这种规定在天顺年间有了改变，为了鼓励举人继续充任学官，天顺八年（1464）明廷开始允许举人教官参加会试，举人教官参加会试让岁贡充教教官参加乡试的意愿成为可能。嘉靖六年（1527），明廷开始允许岁贡教官在符合条件的情况下在任职地参加乡试。虽然岁贡教官通过参加乡试考中的不多，但是此举确实给"学官"提供了另一个升迁的机会。明代教职的人选由以举人为主向以岁贡生为主的转变，其实质是担任学官人员质量的下降，副榜举人的资质仅次于进士，下第举人也是在乡试考中而会试未中的，他们的学问、能力应该都高于岁贡生员，岁贡生员多为乡试屡考不中者，两者高下立现。岁贡生员愿意充任教职与其自身的学问与能力也是相匹配的，据王夫之《噩梦》载："岁贡者皆学不足以博一举，而视此为末路，其能攫国学、县令者

百不得一，惰归之气乘之，虽欲不弃教道而弋脯脩，不可得已。"[29]此论即是说岁贡生员学问不足，科举无望，选择就任教职乃无奈之举。

五、援例监生社会生活初探

（一）社会地位

明代国子监生种类大体有四类，入监缘由不同其在科举、授官方面的待遇不同。明代国子监生晋升途径有二，一是可以参加两京乡试，通过科举获得晋升的途径。二是不经科举，通过坐监、积分、历事直接获得授官的机会。《典故纪闻》载："祖宗以来，最重国学，慎选贡徒行文兼备者，积分自广业堂升至率性堂，既得铨选京职，方面与进士等。"[30]此句记述了国子监生升迁的过程，但"与进士等"应该只出现在明初政府对人才急需的情况下。《明史·选举志》载："外官推官、知县及学官，由举人、贡生选。州、县佐贰，都、布、按三司首领官，由监生选。"[31]又据《五礼通考》所言："同处太学而举贡得为府佐二及州县正官，官恩生得选部院府卫司寺小京职尚为正途，而援例监生仅得选州县佐二及府首领官，其授京职者乃光禄寺上林苑之属，其愿就远方者则以云贵广西及各边省军卫有司首领及卫学王府教授之缺用而终身未异途矣。"[32]以上两条对监生可授官职类别级别做了详细规定，能明显看出，举贡监生可授官种类级别优于援例监生，志主王鸿援例监生终身未授官，王鸿姻亲张藻援例监生终身未授官，王鸿姻亲张云鹏援例监生，授莱阳县主簿。墓志撰者刘桂举人，授训导，书丹者刘聪，岁贡生员，授训导，篆盖者宁福忱，岁贡生员，授训导，以上三位援例监生，只有一人授主簿，其他两人终身未授官；以上一位贡士、两位岁贡生员均授学官，基本与国子监生授官之规定相符。但不是所有援例监生都如志主一般，亦有授末流小官者，如志主姻亲

张云鹏授莱阳县主簿，亦有入监后通过科举入仕的，但是援例监生的身份对判定科举的名次仍旧带来了负面影响。《典故纪闻》载："成化己丑，进士安邑、张瓘当在首甲，以援例抑置二甲第一。"㉝可见援例监生"人其轻之"的地位。

志主王鸿虽终身未授官，但是作为援例监生其能获得身份的改变及一些特权及荣誉待遇，比如在其墓志铭上冠以太学生称号即是荣誉的一项。援例监生虽仕途不畅，不得重用，但是其社会地位确因国子监生的身份而有所提高，入国子监成为监生，凭借监生的身份可以享有更多的身份特权。在明代，具有生员、监生、举人、进士等身份乃至资格，居住在乡里的人可称之为"乡绅"，乡绅即是有"功名"的个人，又是占有相当社会财富的商人或者土地的大地主。成为乡绅可以享受赋役上的特权和豁免，可以凭借身份继续攫取更多的社会财富。志主王鸿，凭借监生的身份跻身本地乡绅行列从而更好地维护家族的利益，但是这种凭借身份获得的特权随着身份的丧失，特权也会消失，所以有志主王鸿长子援例入监，从而继续稳固家族特权和利益的现象出现。不仅如此，在志主身上也显现出了一些士人的生活方式，譬如"浸淫诗书之府，陶熔礼乐之场，楷模先哲以正其趋，缔结时髦以弘其助"㉞，《志》文载志主"尚友天下之善士，噫嘻使其丰之以年"，说明志主以结交天下有才之人为荣，向他们学习并提高自己。又据《志》文载："（志主）偶膺一疾，凤陵子辈，素缔道义之交，临视卧内，祇以为适。"可知志主王鸿不但交友广阔，而且受人尊敬，在其生病时，其子辈及生平好友皆前往探视。另《志》之撰文者、书丹者、篆盖者皆为儒学训导，亦说明志主王鸿在其家乡景州的社会地位，受人尊敬程度，才能得儒学教官在其身后为其撰志、书丹、篆盖，表示哀思，颂扬其美德，让后世之人可以敬仰膜拜。

（二）子女婚嫁情况

《志》文有部分地方字迹已漫漶不清，但据志文王鸿共有三子二女，其中次子娶大尹施恩女，大尹为官名，明代称太守为大尹；三子娶郡人太学生张藻女；长女适郡人三尹张云鹏子大谟，三尹为官名，是各级主官属下掌管文书的佐吏，明代县级主官下掌管文书的佐吏称主簿。从志主子女的婚嫁情况看，均是在士这个阶层完成的，没有嫁娶农、工、商这几个阶层的现象，也从另一个侧面说明了志主王鸿家族的社会地位，士人阶层之间的婚嫁除了符合门当户对的传统外，可能更多的是为了更好地巩固社会地位、财富而建立的联盟。

六、结语

文章通过对明代援例监生王鸿墓志的考释，对明初河北地区的人口迁入、援例制度、教职选取制度以及援例监生的社会生活等问题进行了探讨。通过分析可以得出，明代援例监生仕途不畅，不受重用，但是社会地位确因"监生"的身份有所提升，对其墓志的考释可以进一步加深对明代援例监生社会生活的了解，也为史料所记明代太学援例制度提供了实例。墓志出自当时人之手，虽撰写墓志多用溢美之词，但是志中关于志主事迹的记述应该属实，对研究当时援例监生的家庭情况、入监学习情况、仕途出路、社会生活等确有价值。

①⑰⑱ ［明］罗许、徐大佑：《[隆庆]景州志》，明万历刻本，第84-85页。

②㉒㉔ 詹家豪：《明代太学中的援例监生》，《广州社会科学》2001年第6期。

③⑲ ［清］张廷玉等：《明史》卷69《选举志》，中华书局，1974年，第1676页。

④ ［清］张廷玉等：《明史》卷72《职官》，中华书局，1974年，第1741页。

⑤ ［清］屈成霖：《景州志》卷1，清乾隆十年刻本，第2页。

⑥ ［明］郜相：《嘉靖河间府志》卷1，上海古籍书店，1964年，第35页。

⑦ 《明宣宗实录》卷71，宣德五年冬十月乙亥，"中央研究院"历史语言研究所校印，第1664页。

⑧ 《明史》卷77《食货一》，中华书局，1974年，第1880页。

⑨ 《明太祖实录》卷210，洪武二十四年六月庚子，"中央研究院"历史语言研究所校印，第3128页。

⑩ 《明会典》卷19《户部·富户》。

⑪ ［清］屈成霖：《景州志》卷5，清乾隆十年刻本，第106页。

⑫ ［明］罗许、徐大佑：《[隆庆]景州志》，明万历刻本，第41页。

⑬ 《明太祖实录》卷46，洪武二年十月辛卯，"中央研究院"历史语言研究所校印，第925页。

⑭ 郭培贵：《中国科举制度通史·明代卷》，上海人民出版社，2017年，第108页。

⑮⑯ ［明］罗许、徐大佑：《[隆庆]景州志》，明万历刻本，第78-82页。

⑳ ［明］余继登：《典故纪闻》，中华书局，1997年，第222页。

㉑ 《明英宗实录》卷228，景泰四年四月己酉，"中央研究院"历史语言研究所校印，第4993页。

㉓ 《明英宗实录》卷232，景泰四年八月癸巳，"中央研究院"历史语言研究所校印，第5074-5075页。

㉕ 《明史》卷69《选举志》，中华书局，1974年，第1679页。

㉖ 潘星辉：《明代文官铨选制度研究》，北京大学出版社，2005年，第172页。

㉗ 《明史》卷142《王省传》，中华书局，1974年，第4042页。

㉘ 《明英宗实录》卷264，景泰七年三月甲申，"中央研究院"历史语言研究所校印，第5624页。

㉙ 潘星辉：《明代文官铨选制度研究》，北京大学出版社，2005年，第176页。

㉚㉝ ［明］余继登：《典故纪闻》，中华书局，1997年，第183页。

㉛ 《明史》卷70《选举志》，中华书局1974年，第1695页。

㉜ ［清］秦蕙田：《五礼通考》卷171。

㉞ 陈宝良：《明代生员新论》，《史学集刊》2001年第3期。

（作者单位：孔庙和国子监博物馆）

马坊村祖可法墓碑出土
及相关生平整理

张子航

2018年7月17日，海淀区文物保护中心将埋于清河马坊村的祖可法墓碑出土，由于发掘过程中未发现埋于墙下的龟趺且现场不具备妥善的保存条件，遂将祖可法墓碑迁移至库房妥善保护。

一、石碑出土情况

石碑出土地点位于马坊村城建大院所属院内北墙中段附近，该院内不可移动文物"康熙十九年谕祭碑"是祖大寿义子祖可法之子祖永烈的墓碑，加之祖可法墓碑的出土充分说明马坊村南侧这一墓区是祖可法一门的家族墓地。2013年出土的祖大寿谕祭碑说明大寿死后葬回了宁远（今辽宁兴城）老家，也从而证明祖可法家族墓与马坊村北永泰庄一带的祖大寿长子祖泽润家族墓形成了以祖大寿儿孙为墓主人的巨大家族墓地祖家坟。2008年左右，网络上有文章介绍祖可法家族墓情况，此时祖可法碑已被推倒，部分文字裸露。后来居民利用石碑作为地基建造房屋，致使石碑多年埋于地下，直至2017年房屋被拆除后石碑重新裸露出来。发掘时，墓碑阳面朝上，碑首朝北，整体嵌于泥土之中，下半截被水泥砂浆覆盖。

墓碑出土后，我针对石碑本体及碑文内容展开研究，发现了该石碑形制特殊，碑文记载与史料记载有不一致的地方，对于史书中祖可法生平信息较少的情况有所补充。整体来说该墓碑为研究清代早期历史及相关制度提供了新的材料。

二、石碑形制与所载信息

石碑保存较为完整，有部分残损及污损，碑首长125厘米，宽133厘米，厚45厘米；碑身长254厘米，宽118厘米，厚36厘米，交龙首，青白色花岗岩材质。碑首与碑身比例近1：2，体形粗壮，不同于清代石碑的通常比例1：3。根据史料记载"一碑制：

顺治十年议准：

亲王至辅国公，碑身均高九尺，用交龙首、龟趺。亲王，碑广三尺八寸七分，首高四尺五寸，趺称之。世子郡王，碑广三尺八寸，首高三尺九寸，趺高四尺三寸。贝勒，碑广三尺七寸三分，首高三尺六寸，趺高四尺一寸。贝子，碑广三尺六寸六分，首高三尺四寸，趺高四尺。镇国公，碑广三尺六寸三分，首高三尺三寸，趺高三尺九寸。辅国公同。

康熙十四年议准：

镇国将军，碑身高八尺五寸，广三尺四寸，螭首、龟趺。首高三尺，趺高三尺六寸。辅国将军，碑身高八尺，广三尺二寸，麒麟首、龟趺。首高二尺八寸，趺高三尺四寸。民公侯伯，碑身高九尺，广三尺六寸，螭首、龟趺。首高三尺二寸，趺高三尺八寸。一品官碑制与镇国将军同。二品官碑制与辅国将军同……"[1]可知顺治十年（1653）定制时并未对辅国公以下爵位的墓碑形制进行规定，所以立祖可法碑的顺治十四年（1657）时碑的形制还没有依据可用。同后来的规范比较，其碑首身总高基本符合康熙十四年（1675）一品官墓碑形制的规定，但是碑首形制使用了宗室男性爵位辅国公及以上级别才可使用的交龙首，碑首和碑身比例及尺寸也不符合对应级别的规定。

碑首刻有四条五爪龙呈交尾状，龙首、龙角、龙鳞、牙齿、须发等雕刻清晰、细节丰富，保存状况较好（图一）。通常碑首顶部由于无法看到，往往加工简单，但此石碑依旧对顶部进行加工，龙身形体规整、细节清晰，顶部弧度较平。碑额正上方龙爪交会处上层中央云纹为三朵卷云纹，两侧各有两层云纹对称布置（图二）。卷云纹雕刻立体感强、形状清晰、单层分布，龙爪处云纹也是如此。碑首下部与碑身交界处雕刻有单层卷云纹（图三），碑身阴阳两面周匝刻有二龙戏珠纹样，碑身侧面无碑文及纹饰。

图二　碑额正上方龙爪交会处纹饰

图三　祖可法墓碑碑首纹饰

结合整体形制、比例、尺寸及各部位细节综合来看，祖可法墓碑具有典型的顺治朝石碑特点，体现了在清代初期礼仪制度还不完善的情况。

阳面刻有顺治皇帝赐予祖可法的满汉两种文字碑额、碑文，阴面无字。汉文碑额小篆书"敕建"二字（图四），字体有秦篆风格。汉文碑文205字，字大小一寸五分左右，笔锋纤细，写有"三等精奇尼哈番谥顺僖祖可法碑文：稽古建业，驱策群力，不吝爵赏，以劝有功，昭示后世，用传不朽，所以励忠，盖甚备也。尔祖可法原系锦州副将，识命投诚，授为一等阿思哈哈番。后取前屯卫时攻中后所、前屯卫二城，督放本固山红衣炮，遂克其城，加一拖沙喇哈番。天下统一升为三等精奇尼哈番。先是授镇守湖广等处总兵官，尔能勤劳茂著，屡立战功。于其殁也，朕甚悼焉，特命勒诸贞珉，光及泉壤，国典臣忠，庶其昭垂无斁哉。顺治十四年五月二十八日"。碑文"一等阿思哈哈番"有错误，其爵位名称应为"一等阿思哈尼哈

图一　祖可法墓碑保存状况

图四　汉文碑额书"敕建"二字

番"，此处遗漏了"尼"字。目前还不了解其错误的原因，有待研究（图五）。

此碑汉字碑文记载了崇德八年（明崇祯十六年，1643）辽东都司广宁、宁远一带相关战役。还特地记述了当时清军部队名称"固山"、武器名称"红衣炮"、城池名称"前屯卫""中后所"等。碑额所写"敕建"证明了此碑乃顺治皇帝御赐之碑，祖可法坟茔是皇帝给予批准建造的。《大清会典》记载，顺治十八年（1661）才议准辅国公以下宗室贵族、非宗室贵族及普通官员的造坟及制碑的补贴规范，而祖可法碑碑额写的是"敕建"而不是"敕赐"或"谕祭"等，这让人猜想是否在顺治十八年制度出台之前就已经存在敕建官员坟茔的现象，由于缺少直接文字记载证明，目前只能猜测而已。祖可法墓碑碑文及形制等承载了诸多的历史信息，具有重要的历史及科学价值，对祖可法投降后的生平做了详细记录。

三、祖可法生平

结合碑文及相关史料，对祖可法生平做考证如下：

1.出任游击

《明史》载"……令游击祖可法等率骑兵四营西戍抚宁。三年正月，大寿入关谒承宗，亲军五百人甲而候于门……"[②]说明崇祯二年（1629）祖可法在归顺后金前的官职是游击，隶属驻扎锦州的前锋总兵祖大寿部。祖大寿在天启年间任参将游击、崇祯元年（1628）官职是副将，后又改任辽东总兵。祖可法年龄应与其祖家兄弟及吴三桂年龄相仿，大约出生在万历四十年（1612）前后。天启年间祖可法是否做官史书并未记录，即便做官官职也是参将及以下，低于祖大寿的官职，崇祯元年祖大寿升任总兵，很有可能祖可法于此时随父参军充任游击一职。

图五　祖可法墓碑碑文（局部）

2. 明朝副将与后金副将

崇祯四年（1631）后金军围攻祖大寿部镇守的大凌河城。孤城日久难守，祖大寿率部投降后又诈降逃跑，祖可法作为人质留在了后金。《清史稿·祖大寿列传》载："是时大凌河诸将皆愿降，独副将何可刚不从，大寿乃令掖以出城杀之。大寿使以誓书至，上率诸贝勒誓曰：'明朝总兵官祖大寿，副将刘天禄、张存仁、祖泽洪、祖泽润、祖可法……参将游击吴良辅、高光辉……等，今以大凌河城降。凡此将吏兵民罔或诛夷，将吏兵民亦罔或诈虞。有违此盟，天必谴之！'"③由此可见祖可法于崇祯三年（1630）随祖大寿收复直隶有功升任副将，大凌河城投降时是明朝副将之职，正如碑文所记录的"原系锦州副将"。而《清史稿》中所说"可法，大寿养子。初质于我师，及降，授副将，隶正黄旗……"④中所提到的"副将"则应当是天聪六年（1632）正月"至大凌河城汉人，其赐与旧官为民者，可取之半，分隶正黄旗一等副将祖可法下男丁五十人……"⑤以及"天聪六年三月至四月初一日，赏一等副将张洪谟、祖可法、祖泽润……"⑥中所提到的"一等副将"。这个"一等副将"是天聪年间的后金爵位，是八旗的副都统，也就是乾隆年间的"一等男"爵位，而并不是石碑上所说的明代"副将"官职。

"副将"一词在各种记载中频繁出现但是较为混乱，让人搞不清楚祖可法的"副将"身份到底是什么，同时也无法明确获得该称谓的时间。这是因为后金爵位与明朝官职名称一样而在记载中引起误解造成的，而结合墓碑碑文可以更加清晰地辨识有关"副将"一词的记载。

3. 改授一等梅勒章京与军功升迁

"改元崇德，行封赏，授泽润三等昂邦章京，泽洪、可法一等梅勒章京，予世袭敕书。设都察院、六部，满、汉、蒙古各置承政。汉承政皆授诸降将：可法、张存仁都察院……二年，更定部院官制，但

置满承政。诸降将改授左右参政……"⑦在此之后，崇德元年（1636）祖可法受封一等梅勒章京世袭敕书并出任督察院汉承政，由于改制第二年又改任了汉参政。此时经过天聪八年（1634）的爵位名改制，"一等副将"的爵位也改为了"一等梅勒章京"。在此之后，祖可法随清军四处征战，于崇德八年（1643）随郑亲王爱新觉罗·济尔哈朗攻击山海关外最后几座卫所之中的前屯卫和中后所，史书载"庚午。和硕郑亲王济尔哈朗、多罗武英郡王阿济格……九月二十八日，大兵自宁远卫进发。次日，抵前屯卫……自亥刻发炮攻之。十月初一日午刻拔其城……"⑧此二城十分坚固久攻不下，祖可法亲自指挥部署红衣大炮攻克城池，战功显著，史书记载了祖可法墓碑上所写的此次加封，顺治元年（1644）二月"……为牛录章京。加一等梅勒章京祖可法……一等甲喇章京……牛录章京……各半个前程……"⑨但内容只粗略记载了皇上加封辽东战役中有功之臣，对立功原因的具体细节记载甚少，而碑文中记载的"督放本固山红衣炮"则补充了史书中的空白。此时期清军极为重视威力强大的红衣炮，史书中记载了不少成功仿制、有效部署红衣炮攻克城池而升官加爵的事例。

4. 出任总兵与年老致仕

顺治元年八月"以都察院参政祖可法为右都督。充河南卫辉府总兵官……"⑩又"时李自成西走，其党掠卫辉、怀庆间，而原武、新乡诸县盗竞起。绣锦至官，与总兵官祖可法等谋防御……"⑪祖可法被任命为右都督充任河南卫辉府总兵后，率军支援济源、怀庆退李自成有功。顺治二年（1645）十一月"以右都督祖可法为左军都督府左都督，充镇守湖广总兵官……"⑫这也是祖可法最后一次调动官职，驻扎武昌担任湖广总兵，次年同徐勇征南明，"三年正月，叛将……招勇，勇执斩以闻。五月……勇率兵援……复与总兵祖可法、张应祥会剿，降……"⑬而两

个月后"以牛录章京孙定辽为都督同知充湖广提督总兵官"⑭。可见在五月的战役发生时祖可法还是总兵，而此后孙定辽在七月份充任湖广提督总兵官。这说明祖可法在顺治三年（1646）七月前已经卸任，时间很可能是在六月份。具体原因按史书"三年，以疾卸任，还京"⑮是因病隐退，此后回京养病再未出仕。

5. 受封三等精奇尼哈番

对于祖可法被加封三等精奇尼哈番的时间及具体原因，《清史稿》列传二十一并未详细记录，按此卷中祖家各位将领爵位变化及碑文中所载顺治二年十一月"先是授镇守湖广等处总兵官"应当为顺治四年（1647）再一次更改爵位名称之后册封的，被授予的爵位是改制后的"三等精奇尼哈番"。乾隆年间的"三等精奇尼哈番祖可法，汉军正黄旗人，崇德七年归顺封一等梅勒章京。顺治四年改为一等阿思哈尼哈番。顺治七年三月遇恩诏晋封。卒谥顺僖。"⑯及清末的"封三等子者：……祖可法（顺治七年三月）……"⑰记录了此次加封的时间。虽然这两部著作是权威的清代史学资料，但也是祖可法死后一两百年整理出来的，而《清实录世祖章皇帝实录》未在第四十八卷顺治七年（1650）

三月记录祖可法加封爵位，直接在顺治八年（1651）正月记录了祖可法已经拥有过三等精奇尼哈番的爵位，并且其子祖永烈袭爵，"乙卯。以年老致仕三等精奇尼哈番祖可法子永烈一等阿达哈哈番……各袭职。"⑱按照《清实录》记载的时间来看，祖可法受封三等精奇尼哈番的时间在顺治四年至顺治八年间。后世所记载的顺治七年三月与此区间是匹配的，应当是准确的。

6. 病逝北京赐谥号

顺治十三年（1656）八月，祖可法在退休十年后病逝，史书记载"予三等精奇尼哈番祖可法祭葬如例"⑲。次年顺治皇帝撰文赐谥号"顺僖"给祖可法，《皇朝通志》载"三等子祖可法谥顺僖，顺治十四年七月谥"⑳，但这个时间晚于石碑所写的时间，由此可见《皇朝通志》中记载出现了偏差，"顺僖"的谥号至少在顺治十四年五月就已经出现了。此石碑碑文的记载纠正了史书的错误。

祖可法去世的时间应不晚于顺治十三年八月，由于生年不详，故不知其具体寿命，根据前文的推算，寿命应为四五十岁。

根据以上研究，对祖可法生平进行整

表一　祖可法生平整理与总结表

时间	原因	事件
崇祯二年（1629）	未知	任游击
崇祯三年（1630）	军功升迁	授副将
崇祯四年（1631）	大凌河城为质投降	叛明降金
天聪六年（1632）一月	加封汉军降将	隶正黄旗，授一等副将
崇德元年（1636）	改元崇德改制	改授一等梅勒章京、都察院汉承政
崇德二年（1637）	改制	改授都察院汉参政
顺治元年（1644）二月	军功升迁	加半个前程
顺治元年（1644）八月	委任	授河南卫辉府总兵官
顺治二年（1645）	委任	授镇守湖广等处总兵官
顺治三年（1646）	疾病	辞官返乡
顺治四年（1647）	改制	改授一等阿思哈尼哈番
顺治七年（1650）	军功升迁	授三等精奇尼哈番
顺治十三年（1656）	疾病	死亡
顺治十四年（1657）	敕建坟茔	谥号顺僖、葬马坊村

理与总结如表一。

四、结语

纵观祖可法的仕途可以发现，除了他被祖大寿作为人质送至后金投降外，史书并无记载其所犯其他过错。虽然官爵并不出众，但是祖可法在明末清初大起大落的战争年代背景之下能够得以保全，就个人命运来说对比其祖家兄弟中祖泽润死于军中、祖泽清响应吴三桂反清被杀，他已经是极其幸运。

祖可法墓碑的出土丰富了祖可法个人生平的相关研究，反映了明末清初政权交替的社会环境，更体现了研究历史除了文献研究也要重视实物研究。

----

①《钦定大清会典则例》卷137《工部·屯田清吏司·坟茔》。

②《明史》卷250《孙承宗列传》，中华书局，1974年，第6475页。

③《清史稿》卷234《祖大寿列传》，中华书局，1977年，第9423页。

④《清史稿》卷234《祖可法列传》，中华书局，1977年，第9428页。

⑤《满文老档》第八函第四十八册，"天聪六年正月十九日"，中华书局，1990年，第1220页。

⑥《满文老档》第九函第五十一册，"天聪六年三月初一日"，中华书局，1990年，第1252页。

⑦《清史稿》卷234《祖大寿列传》，中华书局，1977年，第9424页。

⑧《清实录》第3册《世祖章皇帝实录》卷2"崇德八年九月"，中华书局，1985年，第34页。

⑨《清实录》第3册《世祖章皇帝实录》卷3"顺治元年二月"，中华书局，1985年，第47页。

⑩《清实录》第3册《世祖章皇帝实录》卷7"顺治元年八月乙巳"，中华书局，1985年，第78页。

⑪《清史稿》卷239《罗绣锦列传》，中华书局，1977年，第9521页。

⑫《清实录》第3册《世祖章皇帝实录》卷21"顺治二年十一月辛亥"，中华书局，1985年，第186页。

⑬《清史列传》卷78《贰臣传》，中华书局，1987年，第20册，第6422页。

⑭《清实录》第3册《世祖章皇帝实录》卷27"顺治三年七月乙巳朔"，中华书局，1985年，第226页。

⑮《清史列传》卷78《贰臣传》，中华书局，1987年，第20册，第6438页。

⑯《皇朝文献通考》卷254《封建考九·异姓封爵五》"汉军 子祖可法"。

⑰朱彭寿：《旧典备征》卷2《封爵考》，《清代史料笔记丛刊》，中华书局，1982年，第33页。

⑱《清实录》第3册《世祖章皇帝实录》卷52"顺治八年正月乙卯"，中华书局，1985年，第409页。

⑲《清实录》第3册《世祖章皇帝实录》卷102"顺治十三年八月戊午"，中华书局，1985年，第795页。

⑳《皇朝通志》卷51《谥略四·子爵谥》"祖可法"。

（作者单位：北京市海淀区文物保护中心）

清代公主园寝建筑彩画调查研究

曹振伟

一、研究背景

中国历代传统墓葬等级观念只有"陵"与"墓"两种等级区别，皇帝墓葬称为"陵"，诸侯乃至太子的墓葬称为"墓"。清代将"园寝"从"陵寝"中分离出来，规定将皇帝妃嫔及皇子、公主、亲王、郡王等宗室贵族墓葬统称为"园寝"。

关于园寝制度的研究，宋大川、夏连保著有《清代园寝制度研究》一书。书中介绍了园寝产生的历史及社会原因、制度的建立、入关前后的规制等内容，涉及彩画的内容仅为《大清会典》中的文字部分，未与实物进行比较。

清代公主园寝近年来逐步被国内学者及爱好者所关注。董坤玉的《清代公主园寝调查》[①]从分布特点及影响因素等角度将清代公主园寝进行了汇总分析，文中关于彩画部分摘自光绪朝《大清会典事例》。还有部分公主园寝文章为介绍性或游记性质，并未提及彩画形制类型。

目前，关于公主园寝彩画的研究还比较缺乏。近几年在恢复公主园寝的建筑及彩画时，粗略认为应当绘制带有凤纹题材的彩画，并未参考规制及考察实物。

在既有史地研究成果的基础上，作者将现存的公主园寝彩画遗迹与档案相结合，对彩画的特点进行归纳总结，为后期的修缮及研究提供参考。

二、《大清会典》中的园寝规制

《钦定大清会典》成书于光绪二十五年（1899），其典章制度的重要一项就是丧葬制度，其中依据亲王、郡王、公主等等级不同，制定相应的园寝规制。清代皇帝所生的公主因其生母不同分为两种，即固伦公主、和硕公主。据康熙朝卷之一记载[②]：

……中宫所生女为固伦公主，庶妃所生女为和硕公主，亲王女为和硕格格，郡王女为多罗格格，贝勒女为贝勒多罗格格，贝子女为固山格格，公女为公格格。若中宫抚养下嫁者亦称为和硕公主……

园寝建筑彩画依据公主身份的不同，等级有所区别。

1. 康熙朝、雍正朝

据康熙朝《大清会典》卷之一百四十[③]与雍正朝《大清会典》卷二百十一记载[④]：

……王府坟茔：亲王享堂五间，门三间，描画五彩飞金小花……世子、郡王享堂三间，门三间，画五彩小花……固伦公主同贝勒、贝子享堂三间，门三间红油……和硕公主、郡主同镇国公、辅国公享堂三间，门三间红油……

康熙与雍正朝，亲王园寝的建筑彩画等级最高，绘"五彩飞金小花"。世子、郡王其次，绘"五彩小花"。固伦公主、贝勒、贝子、和硕公主、郡主、镇国公、辅国公等不绘彩画，饰红油。

2. 乾隆朝

据乾隆朝《钦定大清会典六》卷七十六记载[⑤]：

凡坟茔亲王五间。世子以下至辅国公皆三间。亲王、世子、郡王门三，贝勒以下门一。亲王绘五彩饰以金……世子、郡王止绘五彩……贝勒以下施朱不绘……凡固伦公主坟茔规制视世子、郡王，和硕公主、郡主视贝勒、贝子，县主、郡君、县君视镇国公……

乾隆朝坟茔规制与前朝稍有区别，将固伦公主园寝彩画的级别提高，与世子、郡王同级，升为"五彩"。

3.嘉庆朝、光绪朝

嘉庆朝、光绪朝坟茔彩画遵循康熙、雍正朝制度，将固伦公主园寝等级降于郡王之下，不绘彩画，饰红油。

据《钦定大清会典》嘉庆朝卷七百十四[6]与光绪朝卷九百四十九记载：

……亲王享堂五间，门三间饰朱红油，绘五彩金花……世子、郡王享堂三间，门三间饰朱红油，绘五彩小花……固伦公主同贝勒、贝子享堂三间，门一，饰朱红油，不绘彩……

根据五朝会典记载的文字，我们可以归纳出公主园寝建筑彩画的规制（表一）。除乾隆朝规定固伦公主彩画绘五彩之外，其余朝固伦与和硕公主的园寝皆不绘彩画，仅饰红油。

三、清奏销档记载的公主园寝彩画做法与特点变化

奏销档是清代总管内务府将各项事务办理完以后向皇帝请示，并经皇帝批准了解的案件，内务府汇抄这些文件，以备查存。奏销档记录了皇家的衣、

食、住、行等各种事务，其中工部的内容为皇家的营造工程，有关于公主园寝建筑彩画的文字记载。其中雍正朝与乾隆朝的做法最为详细，其余朝关于彩画的档案不够完整清晰。

（一）雍正朝

1.雍正十一年（1733）

据《总管内务府奏为公主园寝照固伦公主例修理事》记载[7]：

……纯懿公主已追封固伦公主，令内务府总管动用宫钱粮将公主园寝照固伦公主例修理……固伦公主园寝照郡王例，大门三间，享堂三间，绘画五彩……门外茶饭房六间，碑亭一座……再查端献长公主园寝大门、享堂中用黑色琉璃瓦，外镶绿色琉璃瓦。碑亭瓦绿色琉璃瓦。应将纯懿公主园寝照此修理。臣等看得公主园寝现有大门三间，享堂三间，围墙七十丈，门外两旁茶饭房六间，看守房四十六间。坐落房十二间。外围土墙二百二十丈。其享堂、大门瓦瓦筒瓦，油饰朱油，今修理应添建碑亭一座，上瓦绿色琉璃瓦。享堂、大门改用黑色琉璃瓦，外镶绿色琉璃瓦。大点金彩画，朱油油饰……。

2.雍正十二年（1734）

据《内务府大臣常明等奏为销算修建公主园寝用过银两事折》记载[8]：

……拆卸纯懿公主园寝享堂三间、大门三间……银朱油饰，彩画大点金。拆卸两边饭茶房六间……银朱油饰，彩画雅伍墨。添建碑亭一座……银朱油饰，彩画大点金。立碑牌楼三座……银朱油饰，彩画小点金。聚会房十二间，此内正房三间，拆卸重建，补盖倒塌之厢房、照房九间，

表一 大清五朝会典中的公主园寝彩画规制

	亲王	世子、郡王	固伦公主	和硕公主、贝勒、贝子、郡主、镇国公、辅国公等
康熙朝	五彩飞金小花	五彩小花	红油	红油
雍正朝	五彩飞金小花	五彩小花	红油	红油
乾隆朝	五彩饰以金	五彩	五彩	红油
嘉庆朝	五彩金花	五彩小花	红油	红油
光绪朝	五彩金花	五彩小花	红油	红油

石黄油饰……

由档案可知，雍正朝固伦级别的公主园寝中轴线上的牌楼彩画为低等级的小点金。向北彩画升级，碑亭、大门、享堂为大点金。茶饭房等级较低，绘雅伍墨，不贴金。其余功能性附属房屋不绘彩画，刷石黄油饰。

（二）乾隆朝

1. 乾隆四十年（1775）

据《奏为修建和静公主园寝估计钱粮数目事折，附应需物料工价银两细数清单》记载[9]：

……除碑亭一项准礼部咨会业经内阁奏明毋庸建造外……勘估得建造和静公主园寝……享堂三间，下架硃油，上架外檐大点金，内里雅五墨。大门三间，下架硃油，上架外檐小点金，内里雅五墨。看守房二座，前后檐红土油……搭彩作银一百九十五两四钱六分八厘……油画作银五百三十二两二钱九分八厘……通共估需银一万四千三百十一两五钱九分。

2. 乾隆四十五年（1780）

据《内务府大臣金简奏为修建和恪公主园寝估计钱粮数目事折》记载[10]：

……奴才查得和静公主园寝大门三间，享堂三间，绘画五彩……和恪公主园寝依照和静公主之例……大门三间……下架朱红油，上架外檐小点金，内里雅五墨。享堂三间……外檐下架朱红油，上架小点金，内里光红土油。茶饭房二座……前后檐红土油饰……搭材作工价银一百四十六两五分三厘……油画工料银三百十八两六钱八分二厘……通共约需物料工价银一万一千四百七十八两九钱一分

五厘。

由此，可得到奏销档中关于公主园寝建筑彩画的类型（表二）。

由表格统计可知以下四点：

其一，内外檐彩画的做法不一致。

建筑内外檐彩画做法不一致的情况较多，学术界认为一种原因是后期修复外檐造成的结果，另一种原因是始建时期即区别绘制。上述档案证实了第二种说法的存在。并通过档案可知，公主园寝内檐彩画的等级等于或低于外檐。

其二，会典中记载的"五彩"可以是大点金，也可以是小点金，并未特指某种级别的彩画。

其三，固伦与和硕公主彩画做法不同。

档案中虽然写到"和恪公主（和硕）园寝依照和静公主（固伦）之例"修建，但实际上彩画的做法有所区别。和硕公主园寝享堂的彩画等级低于固伦公主，外檐绘小点金，内檐不绘彩画。固伦公主园寝享堂外檐绘大点金，内檐绘雅伍墨。彩画实际做法的区别，充分体现出两种公主身份等级的差别。

其四，彩画等级的变化。

与雍正朝相比，乾隆朝固伦公主园寝彩画降低一个等级，和硕公主更低。固伦公主园寝轴线上不建碑亭。大门外檐彩画将雍正朝的大点金降低为小点金，内檐降为雅伍墨。享堂外檐彩画与雍正朝同为大点金，内檐降为雅伍墨。和硕公主园寝大门、享堂外檐彩画皆降为小点金，大门内檐降为雅伍墨，享堂内檐不绘彩画。

表二 奏销档中记载的公主园寝彩画类型

时代	所葬公主	级别	牌楼	碑亭	大门	享堂	饭茶房	附属房屋
雍正十一年（1733）	纯懿公主	固伦	小点金	大点金	大点金（五彩）	大点金（五彩）	雅伍墨	石黄油饰
乾隆四十年（1775）	和静公主	固伦	—	—	外檐小点金，内檐雅伍墨（五彩）	外檐大点金，内檐雅伍墨（五彩）	—	红土油
乾隆四十五年（1780）	和恪公主	和硕	—	—	外檐小点金，内檐雅伍墨	外檐小点金，内檐红土油	红土油	红土油

四、公主园寝建筑彩画现状调查

清代一共有98位公主，有的死后未建园寝，有的因特别受宠，所修建的建筑规模高于规制，有的因为额驸经济等原因高于或低于规制[11]。目前有明确园寝地点的公主共46位，分布主要集中在清东西陵、京城和下嫁的部落。清代公主园寝建筑毁坏非常严重，现有遗存很少，留有地面木结构建筑的仅为4处，即北京市复兴门外公主坟、河北省清东陵和清西陵公主园寝、蒙古国公主园寝[12]。

（一）京城公主园寝

清代公主园寝中属北京地区的数量最多，共有25人，分布在朝阳区、西城区、海淀区、门头沟区、昌平区、丰台区等，其中朝阳区最多，有16人。目前，现存有木结构建筑的仅为海淀区庄敬和硕公主园寝的享堂。庄敬和硕公主为嘉庆皇帝的第三女，其母为和裕皇贵妃刘氏，嘉庆十六年（1811）卒。

园寝仅剩享堂一座，面阔三间，悬山顶建筑。彩画已被改制，现代重绘成掐箍头式彩画，非园寝规制（图一）。

（二）清东、西陵公主园寝

1. 清东陵公主园寝

清东陵公主园寝内葬有道光皇帝的皇长女端悯固伦公主、二公主、皇二子、皇

1. 外檐及廊内墨线大点金旋子彩画

2. 内檐雅伍墨旋子彩画

图二　清东陵公主园寝享堂彩画

三子。皇长女端悯固伦公主在世7虚岁，二公主在世6个月。

园寝现存大门、享堂。大门一座，面阔三间，绿琉璃瓦硬山顶。建筑仅刷饰深色油饰，未绘彩画。享堂三间，前出廊，绿琉璃瓦硬山顶。外檐绘墨线大点金旋子彩画，内檐绘雅伍墨旋子彩画（图二）。彩画体现出清代晚期的特征：（1）青颜料光鲜亮丽，与道光时期普遍使用的颜料色相相差较大，呈现出晚清化工颜料群青的特征。（2）旋子彩画方心头呈海棠盒状，其盛行的时代区间上限为道光朝中期，多为晚清做法[13]。

2. 清西陵公主园寝

清西陵公主园寝建于嘉庆八年（1803），内葬有嘉庆帝的第五女慧安和硕公主与第九女慧愍固伦公主，为和硕、固伦公主合葬墓。

慧安和硕公主之母为逊嫔沈佳氏，沈佳氏时为嘉亲王颙琰潜邸格格，乾隆五十一年（1786）十一月十一日生，六十年五月卒，年10岁，后被追封为和硕公主[14]。慧愍固伦公主为嘉庆帝颙琰第九女，其母为恭顺皇贵妃钮祜禄氏，时为如妃。同母姐皇八女早夭，同母弟惠端亲王绵愉。九公主于嘉庆十六年（1811）一月二十五日

图一　北京市海淀区庄敬和硕公主园寝彩画

图三　清西陵公主园寝大门彩画（拍摄：赵兴坤）

图四　蒙古国恪靖固伦公主园寝享堂彩画（拍摄：贾嘉）

生，嘉庆二十年（1815）五月殇，年5岁，后被追封为固伦公主。按清朝制度规定，九公主并非皇后所生，应为和硕级别，但其去世后的第二天即被追封为固伦公主，重要的原因就是她出生的时候嘉庆皇帝已有51岁，皇帝对她宠爱有加。

因始建时期九公主还在世，因此园寝级别是按照五公主的和硕规制修建。园寝现存有大门、值房，享堂已毁。大门面阔三间，硬山顶建筑，绘花锦方心雅伍墨旋子彩画（图三）。值房面阔三间，前出廊，硬山顶建筑，外檐绘夔龙、花卉方心雅伍墨旋子彩画。公主园寝于清代咸丰八年（1858）修理享堂[15]。同治二年（1863）修理宝顶及宫门[16]。光绪六年（1880）七月维修享堂[17]。光绪二十八年（1902）维修东朝房[18]。自冯玉祥逼宫后已无力修缮管理[19]，现彩画为2003至2005年修缮的遗迹。

（三）蒙古共和国公主园寝

蒙古共和国境内中央省额尔德尼苏木现有清代公主园寝一座，园寝主人为恪靖固伦公主。公主生于康熙十八年（1679），

康熙三十年（1691）封为和硕公主，康熙三十六年（1697）下嫁喀尔喀土谢图汗察环多尔济之孙敦多布多尔济。康熙四十五年（1706）被封为和硕恪靖公主，雍正元年（1723）晋封为恪靖固伦公主，雍正十三年（1735）卒，葬于东肯特山脉（即汗山）阳面的公主园寝。

公主园寝现存碑亭一座、享堂一座。碑亭无彩画。享堂外檐彩画残坏严重，纹饰不清，仅能判断为墨线旋子彩画；内檐绘雅伍墨旋子彩画（图四）。其中内檐彩画具有典型的清代早中期特征：（1）颜料色相沉稳，与清代中期常见的颜料氯铜矿、smalt相似。（2）藻头二路、三路旋瓣呈花瓣状，中心绘制黑老。（3）方心头呈弧线花瓣状，尖端出头，盛行的时代区间为康熙朝中后期至乾隆初期[20]。（4）两端绿色箍头的中心黑老粗壮，与太和殿（康熙朝）、斋宫（雍正朝）做法上一致。

根据园寝彩画现状，可以得到公主园寝建筑彩画的统计表（表三）。

将彩画现状与奏销档所载文字对比可知：现状与奏销档记载的做法一致的建筑

表三　公主园寝建筑彩画统计表

位置	园寝主人	时代	大门	享堂	值房
海淀区公主坟			已毁	现代苏画	
清东陵	端悯固伦公主、二公主	道光五年（1825）	油饰	外檐大点金，内檐雅伍墨（五彩）	已毁
清西陵	慧安和硕公主、慧愍固伦公主	嘉庆十年（1805）	雅伍墨旋子彩画（重绘）	已毁	雅伍墨旋子彩画（重绘）
蒙古国	恪靖固伦公主	雍正十三年（1735）	已毁	外檐墨线彩画，内檐雅伍墨（五彩）	已毁

为清东陵公主园寝的享堂。现状与奏销档所记载的不一致的建筑如清西陵公主园寝大门、值房，两者现有的彩画皆为近些年所重新绘制。因此，现状彩画是否为遵照原迹进行的复制，待进一步探讨。

五、结语

由于清代公主园寝建筑及彩画的遗迹过少，对其系统性研究造成了一定的影响。现存的彩画遗迹与档案史料相比较，可初步判断清历朝《会典》虽对园寝建筑及彩画等级已做相关的规定，但并未被完全执行。其背后原因较为复杂，如清代公主园寝多为合葬墓，或为固伦与和硕公主合葬，或为公主与皇子（亲王）或驸马合葬。固伦公主、和硕公主、亲王、驸马在建筑规制上等级不同，因此合葬墓的建筑及彩画等级较难统一。奏销档所载文字做法与实际情况相对符合，可为清代公主园寝彩画的复原工作提供参考。

本研究起抛砖引玉的作用，还有需探讨与深入之处。如《大清会典》中关于园寝彩画的内容不详尽，未能找到与实物完全吻合的关系。清代公主园寝建筑实物资料稀少，且时代分布不均，因此，园寝彩画的研究相对比较滞后。

①⑪ 董坤玉：《清代公主园寝调查》，《文物》2011年第3期。

② 《钦定大清会典》康熙朝，卷一，线装书局，2006年，第1页。

③ 《钦定大清会典》康熙朝，卷一百四十，线装书局，2006年，第5页。

④ 《钦定大清会典》雍正朝，卷二百十一，线装书局，2006年，第1页。

⑤ 《钦定大清会典》乾隆朝，卷七十六，线装书局，2006年，第6页。

⑥ 《钦定大清会典事例》嘉庆朝，卷七百十四，线装书局，2006年，第5页。

⑦ 中国第一历史档案馆：《总管内务府奏为公主园寝照固伦公主例修理事》，内务府奏案，全宗5卷23号。

⑧ 中国第一历史档案馆：《内务府大臣常明等奏为销算修建公主园寝用过银两事折》，奏销档184-035。

⑨ 中国第一历史档案馆：《奏为修建和静公主园寝估计钱粮数目事折，附应需物料工价银两细数清单》，奏销档333-114-1。

⑩ 中国第一历史档案馆：《内务府大臣金简奏为修建和格公主园寝估计钱粮数目事折》，奏销档363-021-1。

⑫ 内蒙古1989年复建的园寝，因其大门及享堂的建筑大木形式、瓦顶、彩画完全不合规制，暂不统计在内。

⑬⑳ 曹振伟：《明清皇家旋子彩画形制分期研究》，《故宫博物院院刊》2017年第4期。

⑭⑯⑲ 崔建霞：《浅谈清西陵的嘉庆公主园寝》，故宫博物院85周年院庆暨中国紫禁城学会学术讨论会，2010年。

⑮ 《大清文宗显皇帝实录》卷二百四十六，中华书局，1986年，第10页。

⑰ 《大清德宗景皇帝实录》，卷一百十六，中华书局，1986年，第10页。

⑱ 中国第一历史档案馆整理：《清代西陵档案》，光绪二十八年正月初四日。

（作者单位：故宫博物院）

海淀清代和硕庄亲王施地碑文考释

鲍晓文

海淀区蓝靛厂附近所见清代"宗令和硕庄亲王撰"文碑刻一通，碑文为和硕庄亲王所写，主要内容是为兴复坐落于北京西郊香山附近的"塞北阿拉善王之庙'悟真观'"，将个人名下"昌平州属马房、常乐、上庄三村"地亩、租钱等舍予此庙主的情况。至嘉庆十八年（1813）人们将这篇碑文刻上，以职爵之位"宗令和硕庄亲王"称呼，并额题"香烟长留"。正如碑文所述"以依周制善人是富之义，则予为立言之意也。夫爰勒诸石，以志不朽"。可知碑主是一位热心促进功德事业的朝廷命官，受到社会及民众的敬重和爱戴，于是勒石镌刻功德，立碑为颂，故称之为"和硕庄亲王功德碑"。

时至今日"悟真观"形式上的建筑实体已不复存在，但仅从这方遗存的碑刻中，方能有幸读取到这座清代道教庙宇的地理方位、与之相关的地名、地方建置、历史人物、历史事件等信息，为我们进一步认识清代社会政治、经济、宗教文化乃至边疆民族关系等提供了有价值的资料。

一、碑刻形制及录文

碑为螭首雕龙方座，首身一体（图一）。碑体通高354厘米，宽121厘米，厚43厘米。碑首浮雕蟠龙

图一　和硕庄亲王功德碑碑阳

缠绕，碑额楷书题"香烟长留"；碑身边框浅浮雕双龙戏珠云纹图案；碑文楷书竖刻，共11行。碑底座为长方体，四周侧面采用浮雕技法，前后两侧面雕有双龙戏珠云纹图案，左右两侧面为江崖海水瑞兽纹图案。

碑厚重高大，造型规整，雕琢精美，气势恢宏，是明清时期一直被帝王贵族豪门使用的碑式。碑身下半部因经长期侵蚀磨损而留有大片孔洞痕迹，致使部分字体缺失、字迹漫漶不清而无从辨识。

附：碑刻录文

额题：香烟長留

碑阳录文：

蓋聞神道設教，保民無疆，而廟宇以興由來尚矣。然烏革翬飛之殿坐，有未大而傾欹者，兩榱芥荒卉之敗院，亦有突然而輪奂者，何以故？唯在司守者之得人否耳。若乃規模猶是，視往昔而日隆，稱謂類軰。自別有其真蘊，道緣日廣，津梁益著，不誠難其人哉！悟真觀，塞北阿拉善王之廟也。舊有香火地壹佰貳拾畝，坐落在香山附近。年中住持進益，唯此而已。□道也□□。陳智爽帶其徒王信平住此以來，十年有餘。予以公退之暇，時至其地，見其內外井井料理有方，養性於常清常凈之歲。觀心於非空非色之間，恭立言悟道德，可謂之□一□□□第，以進益有限，養贍不敷，予心常戚戚焉。雖曰餐風臥雲，茹芝鍊玉，不膏粱而飽者亦道家之本也。然非積功滿千，多歷年所，亦不可虛言□茲□夫，論□□□□□□。

昌平州屬馬房、常樂、上庄三村。其地共拾壹段，每年可收租錢貳百餘吊。自今以往，予將此地付此廟主，為□來春臨之□□□而其祭□之資，永□□□□□□□□□□□中由智爽而一興一，以依周制善人是富之義，則予屬立言之意也。夫爰勒諸石，以誌不朽。

計開

馬房地畝 頭段順道地二十三畝 二段枕頭地二十畝 三段道口（西）地二十二

畝 四段村北地三十一（二）畝

常樂地畝 頭段碑碣地二十 二段地二十畝 三段地五畝 四段地六畝 五段地□□畝

上庄地畝 頭段橋南地一頃 二段岔道地四十畝

以上三處共地十一段三佰零壹畝

尾題：宗令和碩莊親王撰

大清嘉慶十八年歲次癸酉季春之月穀旦立

二、碑文的解读与考释

（一）碑文所见塞北阿拉善王之庙——"悟真观"

我国民间道教所信奉的神祇，有执掌人间重要事的自然神，如风雨雷电山川神，还有带明显人格特征的英雄神或文化神，比较典型的是关帝、文昌神。

由于塞北阿拉善蒙古几代王爷在历次巩固边疆的战斗中，神武善战，协天护国，涤荡域内的异族势力，为巩固边疆稳定立下了不朽的功勋，被称为有功于朝廷、社会和民众的名臣英雄，进而成为了真正意义上的道教俗神"忠武战神"的英雄神。

道教建筑在发展的过程中，最早称"治"，后来称"馆"和"观"，其规模大的也称宫，随着历史的演变，最后被人们称为"道教宫观"，它是道教文化的物化实体。不过在民间，一些祭祀俗神的宫观也称庙，其中极少数的宫观还有称作庵的①。

由此，人们把祭祀英雄俗神阿拉善王的宫观也就自然称为了"阿拉善王之庙悟真观"。

清代朝廷重视对神权的控制和利用。清雍正年间，朝廷认可对民间俗神的祭祀，哪些神能享受官方祭祀，享受什么等级的待遇，皆著为国家祀典。祀典是朝廷的正式礼仪制度，也是神道设教的政治导向。道教对地方神、民间俗神的吸引，相当大的程度上也是依据于朝廷祀典。此后的乾隆、嘉庆、道光年间，各种盛行于民间的俗神信仰，也陆续得到了官方的确认和支持，如此一来，民间俗神的祭祀活动呈现出更加繁荣的景象②。正如碑文首题"盖闻神道设教，保民无疆，而庙宇以兴由来尚矣"。

阿拉善王之庙，据北京市档案馆《1928年北平特别市寺庙登记》记载："悟真观……建于乾隆十四年（1749）"。可知其与香山健锐营同年建造，笔者推测清廷通过建庙并定期举行祭祀英雄神灵阿拉善王的活动，其用意是一方面能深远影响着西郊京旗外三营官兵的信仰，更重要的是为激励健锐营将士英勇善战、誓死保卫边疆安定的精神，激发将士的战斗热情。

古代寺观也是朝廷治国安民的工具之一。乾隆皇帝曾经说过："修一座庙，胜抵十万兵。"雍和宫里的"喇嘛碑"里，乾隆毫不忌讳地讲述了清朝政府推崇藏传佛教的原因。"他们知道宗教信仰对一个社会稳定所起的重要作用，更知道作为统治阶级的他们，主动地认可并接受汉民族的宗教信仰，会带来整个社会对他们统治的拥护，甚至感激"③。"阿拉善王之庙'悟真观'"的建立，正是顺应了当时社会历史发展的需要。

（二）围绕"悟真观"所见相关历史资料的解读

据统计，民国年间北京市政当局曾经在1928年、1936年、1947年对北京传统庙宇进行过3次登记。目前针对"悟真观"的相关历史资料，除了上述碑刻文字，仅见于《北京寺庙历史资料》④的如下记载：

657 悟真观 坐落西郊第三分署横街一号，建于乾隆十四年，属私建。本庙面积五亩零一厘二毫，正房五间，厢房五间，均坍塌；附属土地十七亩零一厘八毫。管理及使用情况为佃户交租，此庙由白云观管理使用。庙内法物有神像两尊，倾圮无形，大铜钟一口，另有石碑一座。

经85 悟真观（道庙）坐落西郊南坞村横街村一号，建于乾隆十四年，属私建。不动产房基地五亩零一厘一毫，耕地十七亩零一厘八毫，房屋八间，管理及使用状况为作香资膳费用，庙内有旧石碑一座，楸树三棵。

依据北京档案馆馆藏档案资料统计，1947年北京尚有一千多座传统宗教的寺庙。

1."悟真观"寺庙性质考析

依据上述资料，该庙建于乾隆十四年（1749），属私建庙。这里就产生了一个疑问，既然悟真观是清廷用来祭祀塞北蒙古阿拉善王之庙，说明应是由皇室批准建造或者皇家出资兴建，为何资料中却认为是私庙呢？根据刘小萌先生的研究，小型寺观多具有比较单一的私有性质。清代京城，佛道流行，寺观众多，形态迥异，大小悬殊，关系复杂。即有"敕建""私建""官修""官庙""私庙"等区别。问题还在于"敕建（皇室）"庙未必都是官庙，而官庙的领属关系和生存方式又大相径庭。所谓"私庙"，则是相对"官庙"而言的，实际说明的只是其民间性质，产权关系则相当复杂。私庙内部包含了个人所有、家庭或家族所有、单一村落（街道）或多个村落（街道）所有、特定人群（如京西八旗各驻防营、京南行业或同乡会馆）所有等不同情况⑤。

寺庙为赡养僧道及组织宗教活动，需拥有数量不等的资产。其中，作为不动产的寺庙土地即"香火地"就是重要的组成部分。清代官方史书中，关于民间土地的记载相当零散，反之在寺观的地产碑、施地碑、功德碑中却保存着这方面的丰富资料，成为难得的基本史料。碑文载"悟真观……旧有香火地一百二十亩"，它虽带有宗教色彩，但对土地的经营，与世俗地主并无区别，大多数仍采用招佃（招募佃农租种土地）收租的形式；又据碑文"年中住持进益、陈智爽带其徒王信平住此以来十年有余"。笔者认为合理的解释应是：首先，悟真观于后来走向衰微之际，住持发生了变更，产权被转让给私人；其次，碑刻中又提到"昌平州属马房、常乐、上庄三村，其地共拾壹段。每年可收租钱贰百余吊，自今以往，予将此地付此庙主"。和硕庄亲王作为清皇室代表，将私人名下的昌平州三处田地及其租钱（地租租银）赐给了悟真观庙主，就表明依附于这些田地的佃户也应为一同转授，因为在封建社会中，佃户就是靠租种土地谋生的农民，与土地具有固定的依附关系。这与后来寺庙档案所记录的"管理及使用情况为佃户交租"相一致。因此，在最终的官方记录中变成了私庙。同样的例子还有海淀区的延庆寺、法华寺都是建于明代的寺庙，且为"敕赐（建）"，但在《北京寺庙历史资料》中也标注为私庙。

图二　京旗外三营与香山位置关系图（局部）

图三　清代京郊外火器营南坞村（横街）位置图

2．"悟真观"所处地理位置及相关海淀地名考析

清代中期，由于特殊的政治和军事需要，京旗外三营圆明园护卫营、香山健锐营和蓝靛厂外火器营均设在京城外西北郊今海淀区内，西望西山诸峰，南临京西重镇蓝靛厂（图二）。

《帝京景物略》记载，安陆何宇度在《游摩诃庵》和《中峰庵》中分别写道："西山今且望，庵隐当山游……""西山山尽寺，此地更深深……"⑥表明北京西郊拥有优越的地理环境，所建寺庙众多，与碑文所述"悟真观……坐落在香山附近"相合（图三）。

首先，它与京旗外三营之健锐营的位置距离相近，健锐营驻地即在西郊海淀香山脚下，健锐营因平定收复偏居川西一隅的金川地区，稳定了整个国家的西南边陲，得胜归来的健锐营，就被继续安置在西郊香山，一直保留至今。

其次，综合《北京寺庙历史资料》中的三次登记信息："悟真观（道庙）坐落西郊第三分署（南坞村）横街（村）一号。"《海淀区地名志·政区聚落地名篇》记录了"横街"位于老营房西北，昆明湖南路东，主街南北走向……⑦。再据

《2014年海淀自然村名单》信息登记表的记录："蓝靛厂横街，……2001年整体拆迁，原址建成世纪城小区。"而庙内这通石碑被世纪城小区居民及我单位工作人员发现时，也恰好立于今海淀南坞曙光街道世纪城小区西部的花园空场内。另据北京市规自委海淀分局2019年5月对新修"横街路"命名预案的公示：道路位于海淀区曙光街道汇佳幼儿园南侧，呈东西走向，东起蓝靛厂西路，西至汇佳幼儿园西南角……因道路位于原横街村附近，为保留历史地名，传承文脉，拟将道路命名为"横街路"（图四）。

综上所述，阿拉善王之庙"悟真观"与京西蓝靛厂广仁宫（西顶娘娘庙）、立马关帝庙等庙宇共处于京西蓝靛厂火器营区域。它坐落于海淀南坞原横街村（今曙光街道世纪城小区），与碑文中所记述的"坐落于香山附近"相吻合。火器营营区纵然已踪迹全无，但是现有部分建筑遗存，并有许多与火器营相关的地名传世，比如著名的横街、永山宅院、老营房路、火器营桥等（图五）。

3.为兴复"悟真观"，和硕庄亲王捐献地亩所涉及的地方建置与相关地名考析

碑文载"昌平州属马房、常乐、上庄三村。其地共拾壹段……予将此地付此庙主"。

历史上（1949年7月以前）海淀区没有设置单独的行政建制，而分属不同的行政区域。

首先是关于"昌平州"的建置。明清时期，昌平县包括今北京市昌平区和海淀区北部，宛平县领地则包含今西城、门头沟、石景山三区的全部，另外包括丰台、海淀两区大部以及大兴区的部分，一直延续到1928年。可以确定今海淀区南半部分一直属于宛平县，而北半部属于昌平县。

其次是关于"常乐、马房、上庄三村"的归属演变。据资料记载考证如下：常乐，最初为元代村名，明《永乐大典》中顺天府在"申明亭""乡社""军屯"目中称"常乐社""常乐里"。清康熙年间仍称"常乐社""常乐里"。光绪年间称"常乐村"[⑧]。

京师西北郊的上庄地区，清初称榆河乡，亦称玉河乡，隶属昌平州，今称上庄

地名公示专用图

图四 "横街路"位置示意图

图五 北京西郊海淀"悟真观"位置图

乡。《光绪昌平州志》卷四《土地记第三下》记载："上庄村采访册：距城二十五里。东至皂角屯一里，南至大牛房六里，西至常乐村四里，北至东小营二里。南至小榆河六里，西南至大马房四里，东北至永太庄三里，西北至八家村四里。"⑨

"常乐村采访册：距城三十里。东至上庄三里，南至马房二里，西至前沙涧五里，……西南至苏家坨三里，东北至东小营三里，西北至后沙涧村五里。"

"常乐大马房采访册：距城三十里。东至小榆河五里……西至苏家坨四里，北至常乐村二里，……东北至上庄三里，西北至前沙涧村五里。""常乐小马房采访册：距城三十里。东至大马房二里，……西至苏家坨二里，北至常乐村二里，……东北至上庄四里，西北至前沙涧五里。"⑩

根据以上资料的描述，明清时期常乐村即今上庄乡常乐村，《光绪昌平州志》一书中所标出的"马房村"曾被称为"常乐大马房、常乐小马房"。常乐村又于1958年3月并入海淀区⑪。

无论是从历史资料记载，还是地理位置上来看，都可以推断清代昌平州属的常乐、马房、上庄三村所处位置，隶属于今北京海淀区。

（三）碑文所示历史人物考

1. 满清皇室宗族"和硕庄亲王"

（1）显赫的政治地位

和硕庄亲王是清代享有"世袭罔替"特权的八大铁帽子王之一，为清朝皇族中袭封最高等级的爵位。首任庄亲王为皇太极第五子硕塞，因其为清朝统一中原立下了不可磨灭的战功，于顺治八年（1651）被封为"承泽亲王"。

第二代庄亲王博果铎于顺治十二年（1655）承袭亲王爵位，改封"承泽亲王"为"庄亲王"。史料有明确记载："宗人府题奏，和硕承泽亲王硕塞子博果铎，请袭封和硕承泽亲王，得上曰：博果铎著封和硕庄亲王。"⑫

和硕庄亲王在宗室王公中享有最高级别，并能参与朝廷政治活动，源于"世袭罔替"的支系变更。因硕塞子博果铎无子嗣，第三代庄亲王就由康熙十六子允禄承袭。雍正登基后，雍正元年（1723）任命允禄为内务府总管，"内务府是清朝特设的管理皇室事务的特殊机构"⑬，对内掌管宫内祭祀、皇家宫廷事务、内务府及附属机构的人事日常等，同时涉及政治军事外交等（包括外藩进贡），体现了皇权对庄亲王世系的不断加强。庄亲王允禄得到了雍正帝重用，还辅政乾隆帝，成为雍乾时期第一皇族高官，拥有极高的权力和地位。

清代被追封的庄亲王共两位。一是清太祖努尔哈赤胞弟，和硕郑亲王济尔哈朗之父舒尔哈齐，因跟随努尔哈赤征战，顺治时被追封为"和硕亲王，谥曰庄"⑭，但是此"庄亲王"封号与硕塞的承泽亲王封号没有任何联系。二是允禄第二子弘普，卒于乾隆八年（1743）。由于允禄高寿，世子弘普先逝而未做过亲王，但其子永瑺袭爵后，就被追封为"和硕庄亲王"。

据上述资料"悟真观……建于乾隆十四年"，但弘普先逝于乾隆八年，此时的悟真观还没有建庙，可以推断碑文所指的"和硕庄亲王撰"文应该不是弘普，可能是后世亲王所为。

第五代庄亲王永瑺为弘普的第二子，于乾隆三十二年（1767）承袭庄亲王爵位，深得乾隆帝的信任和赏识，后被授予都统职务，"以庄亲王永瑺管镶红旗蒙古都统"，重掌管理宗人府和觉罗学。

第六代庄亲王绵课，从十二岁过继给庄亲王永瑺为嗣，乾隆五十三年（1788）袭和硕庄亲王爵位，历经乾隆、嘉庆、道光三朝。乾隆年间，主管祭祀等家族事务，嘉庆年间，政治活动增多，其间担任过正红旗蒙古、镶蓝旗满洲都统八旗、正白旗侍卫内大臣等内部职务，后又总理健锐营事务。特别是清嘉庆十八年（1813），绵课因率领健锐营、火器营官兵进宫控制了"癸酉之变"而受到嘉庆帝赏识，成为其政治生涯的转折点。

依据以上所述任职期限及职务范围等信息分析，绵课袭爵庄亲王，发生在悟真观建庙后；他主要执掌蒙古满洲都统八旗，服务于蓝靛厂；总理健锐营（与悟真观建于同年）事务。此碑刊刻于嘉庆十八年，功德碑又主要是褒扬当时仍在世的人，种种迹象表明为悟真观捐地并撰写碑文的和硕庄亲王绵课存在着极大的可能性。

（2）无与伦比的经济特权

庄亲王在北京的府邸规模宏大，位于北京西城区平安里大街的太平仓，王府占地75600平方米，居于北京各王府的前列，由于受到雍正、乾隆重用，雍正还把北京城外最大、地位最高的皇家园林熙春园，转赠给了内务府庄亲王允禄，在《乾隆京城全图》上，除皇宫外最大的就是庄亲王府[15]。

庄亲王的收入分为俸禄、赏赐和王庄三个方面，俸禄按照爵位的级别发放，亲王俸银一万两，禄米一万两千斛，还享有不定期的封赏，逢年过节、婚丧嫁娶等，如乾隆八年，允禄子弘普病逝，乾隆帝"命赏庄亲王允禄银一万两，料理公弘普丧事"[16]。

除此之外，王庄也是庄亲王的收入来源之一，清统治者赐予八旗宗室王公的庄地，主要包括粮庄、银庄、瓜菜果园等，庄亲王作为第一等级的亲王，分到田亩数量达几十万亩，特别是庄亲王允禄袭爵后，庄地星罗棋布。

由碑文可知，和硕庄亲王一次就捐地三百多亩，他实际拥有的地亩应该更为可观。在封建社会末期的清朝，皇室王族所享受的待遇和特权可见一斑。

2. 和硕特部蒙古亲王"阿拉善王"

碑文中提到"悟真观，塞北阿拉善王之庙也"。"阿拉善"意即为"贺兰山"的音转。魏源《圣武记》卷三："贺兰山厄鲁特者，俗所谓阿拉山蒙古也。阿拉山即贺兰山，亦名阿拉善山，皆语音之转，地在河套以西。"[17]清初，厄鲁特蒙古的一支阿拉善和硕特部就居住在今内蒙古阿拉善左右旗。

阿拉善旗王世袭，历代旗王都是成吉思汗的弟弟哈布图哈萨尔的后裔，姓博尔济吉特氏。几代阿拉善王积极效忠于清廷，屡次参与反对边疆分裂势力的斗争，为统一多民族国家的稳定和发展做出了重要贡献。尤其是首任旗王和罗里，从康熙二十年（1681）开始，上书请求牧地，获得了正式受封的牧地并住牧阿拉善。康熙三十五年（1696）在康熙帝亲征讨伐噶尔丹的昭莫多战役中，以和罗里为首的阿拉善兵参加反对噶尔丹的斗争，发挥了很大作用。康熙三十六年（1697），和罗里被授予贝勒爵位和札萨克印章，并设立阿拉善和硕特旗，直辖于理藩院。和罗里曾亲赴北京朝见，康熙接见了他，"赐宴毕照大台吉例，颁赏仍以上服貂裘赐之"[18]，双方建立密切关系。

他在位10年（1697—1707），具有政治远见，为人刚毅，创立旗部，提倡汉学，反对分裂，对维护国家统一和民族团结发挥了重大作用，故而清廷特意在北京为"塞北阿拉善王"建庙祭祀。

三、余论

这通碑还承载着满蒙关系发展的重要信息。碑文载："年中住持进益，唯此而已……以进益有限，养赡不敷，予心常戚戚焉。"面对阿拉善王之庙走向衰落之际，为兴复这座道教庙宇"悟真观"，以清廷皇室宗族为代表的和硕庄亲王，不惜将自己名下庄园的地亩和租钱捐于此庙，反映出清代满蒙贵族之间的密切关系，满蒙关系有着深刻的历史渊源。

1. 清朝实行盟旗制度

清政权是以满族贵族为主各统治阶级的联合政权。清初在维护满族贵族利益的同时，也必然会照顾到汉族和少数民族上

表一 清皇家与阿拉善蒙古联姻总表（局部）[21]

婚姻当事人及其身份	皇家出嫁女之生母及出嫁女相关情况	定婚或成婚时间	皇家女所嫁蒙古额驸或皇家男所娶蒙古女	史料出处
庄亲王博果铎第三女 郡主	庶福晋石氏（石贵之女）所出，抚养宫中	康熙四十一年四月	嫁额鲁特郡王阿宝	《玉牒》28号49页
康熙帝之子 贝勒允祎		康熙末年	娶额鲁特郡王阿宝之女	《爱谱》甲册1078页
庄亲王允禄第八女 县主	侧福晋王氏（王存仁之女）所出	乾隆三年十一月定婚乾隆十五年十一月成婚	嫁（阿拉善）罗卜藏多尔济	《玉牒》290号满文本

层利益。

清廷为处理日益繁多的民族事务，将原崇德元年（1636）所设专门管理蒙古民族政务的机关"蒙古衙门"改为"理藩院"，管理蒙古、藏、回王公的封袭、赏赐、朝贡、联姻、会盟等事务[19]。中央政府按49旗之例设阿拉善和硕特旗，阿拉善在内蒙诸旗中具有独特地位，直属理藩院管辖，属于清朝的中央直属旗，它是清政府稳定蒙古地区的一支重要力量。清朝实行盟旗制度，双方关系进入了一个新阶段，阿拉善蒙古完全臣服于清政府。

2. 蒙古贵族主动示好

蒙古族是我国历史上古老的民族，元朝时期曾经是占领中原的统治民族。明代被迫开始迁往漠北、漠西，由于历代王朝的边疆少数民族长期形成了一种内聚力，蒙古族认为与明代有夺位之仇，而极力亲近清政府。阿拉善蒙古自形成之日起，鉴于西北复杂的局势主动示好，便与清政府建立了密切的关系，成为清控制西北边疆的重要据点[20]。清政府依靠蒙古势力以治攻乱，消除了边疆地区战争混乱的局面，促进了多民族国家的统一。

3. 满蒙政治联姻

清朝采取政治联姻的和亲政策，表现为制度性联姻、主动遣嫁、备指额驸几种形式。阿拉善蒙古是清代西部蒙古诸部中唯一与皇家有联姻关系的部落，而且世代通婚（见表一）。

依据表格，几代阿拉善王的联姻对象均为和硕庄亲王皇室宗族，通过相互嫁娶，形成了联姻结好的稳固姻亲关系，在

清廷平定西北过程中屡立战功的阿宝亲王、罗卜藏多尔济亲王，皆为清皇室的额驸。满蒙联姻推动了具有特殊君臣身份形式的政治联盟，显示了阿拉善蒙古在清皇室的崇高地位[22]。世代联姻让清政府也彰显了亲和力，阿拉善蒙古屡次主动出征西北战事，客观上对我国西北统一、边疆稳定做出了贡献。

嘉庆以后至清末，阿拉善蒙古王公与清皇家的通婚，依然维持着双方的姻戚关系。由此，也就不难理解和硕庄亲王为兴复阿拉善王之庙悟真观而捐献大量地亩及租钱的功德之举了。

---

① 佟洵：《试论北京道教宫观文化》，《北京联合大学学报（人文社会科学版）》2009年第1期。

② 徐立明：《权力制度下的狂欢：明清以来上海地区的俗神信仰》，《消费导刊》2008年第2期。

③ 吴效群：《北京碧霞元君信仰与妙峰山庙会》，《民间文学论坛》1998年第1期。

④ 北京市档案馆编：《北京寺庙历史资料》，中国档案出版社，1997年，第196、594、689页。

⑤ 刘小萌：《民间寺观的转香火问题——关于什刹海观音庵契书的考察》，《北京社会科学》2013年第2期。

⑥ [明]刘侗、于奕正合著：《帝京景物略》卷五《西城外》，北京古籍出版社，1981年，第211页；《帝京景物略》卷六《西山上》，北京古籍出版社，1981年，第268页。

⑦ 海淀区地名志编委会编：《海淀区地名志》，北京出版社，1992年，第165页。

⑧ 王松：《大觉寺〈大明敕谕〉碑考述》，《北京文博》2010年第3期。

⑨⑩ ［清］缪荃孙、刘万源：《光绪昌平州志》，北京古籍出版社，1989年，第138、143页。

⑪ 王彬、徐秀珊主编：《北京地名典》，中国文联出版社，2008年，第498页。

⑫ 《清世祖实录》卷54，中华书局，1985年，顺治十二年乙未六月己卯。

⑬ 关嘉禄：《清史满学暨京剧艺术文集》，社会科学文献出版社，2012年，第187页。

⑭ 《清世祖实录》卷75，中华书局，1985年，顺治十年癸巳五月乙酉。

⑮ 程丽君：《清代庄亲王世系研究》，黑龙江大学硕士学位论文，2018年。

⑯ 《清高宗实录》卷187，中华书局，1985年，乾隆八年癸亥三月丁丑。

⑰ 转引自额尔敦巴特尔：《西套阿拉善蒙古族的由来》，《内蒙古社会科学》1982年第6期。

⑱ 徐晓萍：《论清初阿拉善和硕特部与清政府的关系》，《西北史地》1996年第3期。

⑲ 齐心主编：《图说北京史·清代北京》，北京燕山出版社，1999年，第362页。

⑳㉒ 梁丽霞：《清前期出兵西北过程中的阿拉善蒙古》，《黑龙江民族丛刊》2003年第5期。

㉑ 杜家骥：《阿拉善蒙古与清廷联姻述评》，《民族研究》2001年第5期。

（作者单位：北京市海淀区文物保护中心）

《潍县陈氏宝簠斋藏器目》稿本、抄本异同及辑录价值

张祖伟

陈介祺(1813—1884)，字寿卿，号簠斋、海滨病史等。山东潍县(今潍坊)人，道光二十五年(1845)进士，官至翰林院编修。嗜金石，涉猎广，钟鼎彝器、玺印封泥、瓦器陶文、刻石砖瓦、古币泉范等无所不包，特别是“所藏钟鼎彝器金石为近代之冠”。善鉴赏，擅传拓，精通古文字，为清代金石学执牛耳者。传世著述众多，《簠斋吉金录》《簠斋藏古目》《簠斋藏器目》（两种）、《簠斋藏古册目并题记》《十钟山房印举》等藏器目广为人知。其实，他还有一部非常重要，但因深藏于馆中而鲜有学者关注到的藏器目《潍县陈氏宝簠斋藏器目》（简称《宝簠斋藏器目》）。不同于以往簠斋藏目多属吉金类，它是目前唯一一部包含金石、砖瓦的综合性藏器目，而泉范、石刻、砖瓦一向缺乏藏目，故其具有非常重要的文献价值。

一、稿本、抄本概括与特点

《宝簠斋藏器目》传世有国家图书馆藏稿本（以下简称国图本）及山东博物馆藏抄本（以下简称鲁博本）两个版本。稿本，一册装，正书，无格栏，半页九行，行字不等。书衣有簠斋题记：“宝簠斋金石目，壬申以后得者不载”，开篇亦有簠斋手跋，叙此书由来：“仲饴既手录余斋金文各册竟，复为录所藏吉金成目。余自甲寅后里居，无友朋之乐、室家之安。既惩夺志又扰守望。六年来始稍稍检拓，思装册汇目，存其昔好，久未能就。今得仲饴相助，旬余而毕，业成于勤。即此可推第吾所望于仲饴者大且重，仲饴勉之哉，勿以此夺志也。同治壬申夏四月十一日甲子海滨病史书。”（图一）仲饴，即簠斋乘龙快婿吴重憙。据跋，簠斋返乡六年来，虽一直想为藏品编目，但未能成事。同治十一年（1872）吴重憙在抄录完其藏品金文后，顺手编纂此目，即系簠斋首部重要综合藏目，共收录器物790件。虽是吴重憙手编，但经簠斋审订并题跋，故定为稿本也恰当无误。

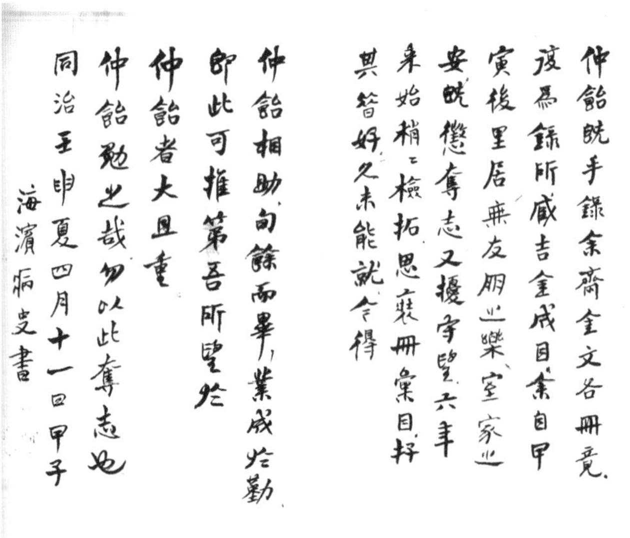
仲飴既手錄余齋金文各冊竟，
復爲錄所藏吉金成目。余自甲
寅後里居，無友朋之樂、室家之
安。既懲奪志又擾守望。六年
來始稍稍檢拓，思裝冊彙目，存
其昔好，久未能就。今得
仲飴相助，旬餘而畢，業成於勤。
即此可推第吾所望於
仲飴者大且重。
仲飴勉之哉，勿以此奪志也。
同治壬申夏四月十一日甲子
海濱病史書

图一　国图藏稿本簠斋题跋复印件

稿本中还有一些与原文明显不同的

行书笔迹，增补了一些新器物及为部分石刻增补了一些信息。器物增补有三处：第一处位于弩机类尾部，新增6种虎符、3种龟符，"与东莱太守为虎符，东莱左一；与常山太守为虎符，常山左二；桂阳右一，与桂阳太守为虎符；驹男右五，晋与驹男为虎符第五；上郡右三，与上郡太守为虎符第一，上郡左二；与广阳太守为虎符，广阳左二，刘。""龟符。刘，云麾将军行左鹰扬卫翊府中郎将员外置阿伏师缄大利发第一，合同，半文。陈，宸豫门开门，合同，半文。陈，宸豫门关门，合同，半文。"第二处位于虎符类，增铜鱼符5种，"铜鱼符。刘，嘉德门内巡，合同，半文。刘，凝霄门外左交，合同，半文。陈，滑州传佩。陈，左武卫。李，朗州传佩。"第三处位于石刻类首页，新增造像4种，"河清一年口月二日法仪百余人等造定光像、耿僧文造像残石、皇建二年十月卅日许俦孙珙珍其拔迴田野禄法义卅人等造像、武定元年九月曹奎造像。"此三处增补有些复杂：东莱太守、常山太守、桂阳太守、广阳太守四种虎符，为簠斋后藏器。晋驹男虎符、宸豫门开门龟符、关门龟符，也为簠斋藏品，但原书已收录，其后两种龟符前所书"陈"当是以姓代指收藏家，即陈介祺。朗州传佩鱼符，亦簠斋后藏品，但其前所书收藏家非"陈"而是"李"，未知何人。唐云麾将军龟符、嘉德门内巡鱼符、凝霄门外左交鱼符，《长安获古编》载，故其前"刘"当指刘喜海。簠斋后得前者，但未见后两种入藏记录。上郡太守虎符，罗振玉《历代符牌图录》早有赝品定论，亦未见簠斋入藏。耿僧文造像残石、皇建二年（561）许俦等造像，亦簠斋藏品，但未见簠斋收藏另两种石刻。以上增补18种器物，扣除与原文重复的3种，实增15种，其中混杂着非簠斋藏品8种。

稿本还将14种石刻与《捃古录》作横向关联，如石刻名称前冠"已录"，表明其亦为《捃古录》收录，且其中10种又据《捃古录》增补了石刻时代、出土地点等信息。如 "大安元年李节造像"增 "《捃古》在北魏"；"延昌二年张相造像"增 "《捃古》在陕西泾阳，恐非一石"；"正光六年曹望憘造像座"增 "《捃古》作山东临淄"；"武平五年滫于元晧造像座"增 "《捃古》作诸城"；"调露元年管真墓志"增 "《捃古》作塔，作陕西长安"；"神龙二年骆思敻造像"增 "《录》作龙骑思敻造像记，当即指此"；"郑公墓志"增 "《捃古》作山东益都"。《捃古录》，吴重憙之父吴式芬著述。单看这些关联信息，似乎应当出自吴重憙之手。但考虑到三处器物增补存在着重复记录及混杂等情况，则增补者绝非簠斋及吴氏，必系后世藏家所为。

山东博物馆收藏的《宝簠斋藏器目》旧抄本，目录页首行自题书名为《潍县陈氏宝簠斋藏古器目》（图二），一册装，蓝格栏制式书页，版心无书名、斋号等名款，半页九行，行字不等，字体规整。无稿本中簠斋交代来源的题跋及"壬申以后得者不载"的封面题记。目录页钤印"意在三代两汉六朝之间""光绪十年以后所得书"，正文首页钤印"丁氏菊甤""菊甤读过"，尾页钤"书存徐乡丁氏"，为丁菊甤旧藏。丁氏（1910—？），名绍彤，字心佛，号菊甤，别署黄山山长、还读盦主等。山东黄县（今龙口）人，出身有"丁百万"之称的豪门巨族，丁鲁臣之子。精鉴别，好聚书，还读盦藏书大半为方功惠碧琳琅馆旧物。传世有《还读盦唱酬集》《还读盦读书题记》《还读盦丁丑日记》等。光绪十年即1884年，从钤印"光绪十年以后所得书"及丁氏生卒年来看，抄本抄录于丁氏之前，但无从考证抄录者。

二、两种版本的异同

国图本、鲁博本虽是同一种书，但二者还是有明显区别。除无簠斋题跋及后世

图二　鲁博藏抄本《潍县陈氏宝簠斋藏古器目》

藏家增补信息外，抄本在目录完整度、器物种类设置、器物表述结构与次序等方面也与稿本存在着较大差异，甚至二者所收器物也略有出入。

二者最外显的差异是目录完整度，稿本目录提取不完整，仅列前半部的吉金：首先按时代设置6个一级子目——"三代、秦、汉、晋、西夏、唐"，各子目内再按器物种类设置二级子目，合计62个，但实有63个，遗漏提取"三代·铜器"入目。抄本目录则收录完备，设置了金、石、砖瓦3个一级子目，"金"目设置了与稿本相同的6个时代属性的二级子目，各时代子目也共设置了62个品类属性的三级子目，但同样遗漏提取一种器物入目——"三代·和"。目末又声明"古泉、古印、铜镜尚在此目之外未载"。"石"目设置了2个二级子目"造像六朝及唐""杂刻

六朝及金"；"砖瓦"目设置了3个二级子目"砖三代及宋""瓦汉及西夏""瓦当秦汉"（图三）。

稿本、抄本的吉金虽然同为62类，但所设类别也存在着差异。稿本"三代"下设钟、铎、鼎、尊等33类及遗漏入目的铜器；"秦"置诏版、戈2类，"汉"分鼎、甗、鍑、壶、钟等23类，"晋"设瓷1类，"西夏"设铜牌1类，"唐"设龟符、鱼符2类。而抄本"三代"下设36类，较稿本多钩、铜器、泉范3类；"秦"仅收录诏版；"汉"收录21类，较稿本少鼎、钩2类。这种设置差异源自二者对跨时代同种器物的不同处理思路。如稿本在三代、汉内均设置鼎类，抄本仅在"三代"内设置，将汉鼎附于三代鼎后。稿本设三代戈、秦戈2类，抄本将秦戈附于三代戈后。对钩类，抄本继续合并处

图三　鲁博藏抄本石刻部分

理，将秦钩、汉钩附于三代古钩类后；但稿本却一反按时代分置的前态，也转为合并处理，全部放入汉钩类。二者最大的归类差异表现在泉范：抄本按材质分铜范、石范、土范3类，又将石范、土范附于铜范后，并据此整体纳入吉金类，再按时代因素整体放入"三代"。稿本虽然也按材质分三组，但载于吉金类后且未提取目录，即将其作为与吉金同等的独立类。从以上类别设置差异看，抄本在处理跨时代同种器物时，标准非常统一，皆作合并处理，且置于时代最早的子目内。稿本比较杂乱，鼎、戈按照时代分置，钩、弩机、虎符则合并处理，但后两者放置于最早时代，而钩类却置于最晚时代。

表述某些同种器物时，抄本、稿本的表述结构或次序也时常不同。同一时代内这种异同并无实际意义，但涉及到跨时代器物时则优劣立分。如钩类器物，稿本合并处理时，虽将三代古钩名称前冠"古"，秦钩前冠"秦"，以与不冠时代的汉钩区别，但却"古""汉""秦"跳跃无序式表述，毫无条理。抄本则先按时代分组并拟目后，将秦钩、汉钩附于古钩后，且将分组及依附关系反映在目录中，非常有条理。在泉范、瓦当两类中，抄本以同样的条理胜过混杂无序的稿本。在记录涉及汉、魏及无年号的弩机，涉及先秦至唐宋的古砖，涉及汉、后晋、西夏的古瓦时，稿本改进为按大时代次序记录，但尚未细化为分组、拟目；抄本则保持着分组、拟目并反映到目录里的一致性。记录石刻时，稿本虽终按照时代分组并拟目，但造像、杂刻混杂。抄本则将二者分类并拟目后，继续按照时代分组及拟目，更胜一筹。

稿本、抄本还在收录器物这一核心方面略有出入，不计稿本中后世藏家增补的器物，抄本较稿本多效卣、父甲爵、若公簠、史和4件吉金；少1件虎符、3件铜泉范、2件砖、2件瓦当。父甲爵，《簠斋藏

古册并题记》载"癸酉得之齐地"[①]，癸酉即同治十二年（1873）——《宝簠斋藏器目》成书一年后，故其必系后来增补，而其位于该类最末位置也就有了比较合理的解释。同样位于本类最末的效卣、若公簠及独立成类的史和，虽然未见簠斋入藏的明确时间，但应当也在《宝簠斋藏器目》成书之后。这说明抄本对稿本至少有过一次增补，大概是因为当初缺失簠斋限定时间的题跋而导致的误增，并进一步误编入正文。仅从增补数量及父甲爵入藏时间来看，增补时间离成书时间不远。至于被抄本删减的器物，更多地似抄录者粗心导致。如晋驹男虎符，在稿本中独自处于后半页；有柄五铢范泉_{形如莲瓣}及"建武五铢长范……又_{同上}"的"又_{同上}"皆补写于两条目夹缝中，抄录时都极容易遗漏。大明七年解家砖，稿本以"又"的形式共记录为8块，而抄本总计为7块。秦十二字瓦三_{又残二}、兰池宫瓦当二又_{残一}，抄本少的都是小字残品。唯独"常平五铢长范……又_{黄铜，疑伪}"的疑似伪品似有意删减。抄录者的粗心还表现在器物的两处重复记录上，如癸山彝、中彝又重复记载于殷类；王太等题名残幢、青州残碑二片又重复记载于造像中。

从以上诸异同可以看出，此抄本虽然根源于稿本，但并非直接从稿本出，而是出自一个对稿本进行过表述优化及器物增删的衍生文本，只是优化与误增误减的次序无法确定。

三、辑录价值

《宝簠斋藏器目》分金、石、砖瓦三部分。除泉范外，其吉金类共收录335件器物，皆已屡见于以往诸藏器目，故价值相对较小。簠斋藏泉范、石刻、砖瓦目录一向少见或未见，而《宝簠斋藏器目》提供的此三类藏目收录数量较为丰富，无疑是辑补类目全录的重要参考资料，并且已有一例成功利用《宝簠斋藏器目》考订藏

砖全录的先例。

古砖并非簠斋藏品主类，陆明君《簠斋研究》称其藏砖326件，但以往未见藏砖目。提供唯一藏砖目的《宝簠斋藏器目》共收录古砖125件，卢芳玉在此基础上，结合国图所藏三种、鲁博所藏簠斋藏砖拓本集而撰《国家图书馆藏簠斋君子砖馆藏砖目》[②]，搜罗古砖211种343件，基本可窥簠斋藏砖全貌。虽然《宝簠斋藏器目》收录古砖数量仅占卢芳玉考证全录的三分之一，但其含有的珍贵出土信息，则非拓本所能比拟。如古齐字砖，出潍；汉君子砖，出河间；命非金石残砖，出平原古墓；万世不倾砖，出掖；汉未央残砖、延年益寿残砖、延年益寿长乐未央花纹残砖、长生未央花纹大残砖，四种均出陕（图四）。

泉范是簠斋的重要特色藏品，量多

图四 鲁博藏抄本汉砖部分

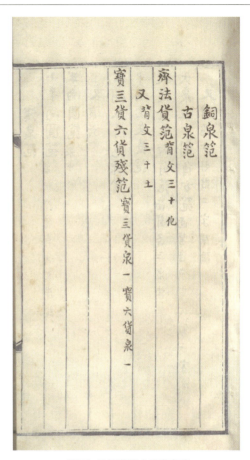

图五 鲁博藏稿本泉范部分

且精，多为前人未见者，屡受泉学大家称赞（图五）。鲍康《观古阁丛稿》称"寿卿前辈拓寄所藏泉范铜、石、土三种百十有六纸，从来无此巨观"。李佐贤亦赞其集大成者。簠斋也颇引以为豪，先后据藏量而名斋"二百范斋""千范斋"，其藏范以齐刀范为绝对主体，尤以淄博沙土齐刀范藏量为丰。可惜的是，因藏范数量巨大及簠斋一向惰于编撰藏器目，藏范目较为稀见，以往唯见国图藏稿本《簠斋泉范目》，仅收录34种铜范、铁范。不过，由于簠斋高度重视传古，"终岁无不拓之日，且继以夜"[③]，故不乏重要藏范拓本集传世。如《簠斋吉金录》共收录68种铜范、铁范。《簠斋齐法化范集》20册，约800余种齐刀范，惜仅存杨鲁安等藏7册。国图藏《簠斋泉范》14册，约800余种齐刀范。只是，这些资料整体偏重于齐刀范，

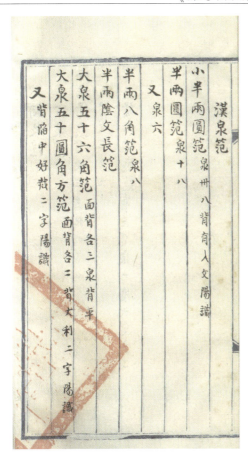

图六　鲁博藏稿本汉泉范部分

其他泉范资料相对不足。仅有的后者资料又几乎完全聚焦于材质最贵重的铜范，忽略其他泉范。而《宝簠斋藏器目》正好可以弥补这方面的缺失。113件泉范除2件外皆为非齐刀泉范，不仅数量远超其他文献，也详细记述每件泉范制泉数及背文等细节，且铜范、石范、土范俱全，有20件石范，31件土范，其中不乏名品，如古宝六化范$_{泉十}$、汉两面半两残范5件（每件两面钱模不等）等石范，秦半两范$_{泉一}$、汉本始元年壬子造、本始四年十月、地节二年十月、元康三年二月丁亥造、神爵二年四月壬午造、神爵四年二月丙辰造等纪年土范。作为目前反映簠斋藏石范、土范信息最丰富的一处文献，其无疑能极大便利考订簠斋藏泉范全录（图六）。

石刻也非簠斋主要藏品，《簠斋研究》估计约120种。相对于特色藏品，石刻应该是簠斋藏品研究中最薄弱领域之一（图七）。虽然其中数种著名石刻，如流失海外的堪称绝品的曹望憘造像座及被簠斋盛赞的君车出行画像石等已为众知，但一直未见任何权威藏石目，又因石刻一般体积较大，拓本不便合装，故历来零拓常见，但一定规模的拓本集罕见，这也直接导致学界对其基本整体信息的缺乏。直至黄苗子《簠斋藏金石拓片三种》出版，造像石刻这一单类的披露情况方有改观，把其将5种石刻的多个侧面误分为另种的情况合并后（第12—14页为王阿善造像，第58—59页为曹台造像，第64—67页为郭贤造像，第74—77页为张信造像，第82—85页为武榖造像），实际共收录簠斋旧藏33种。而《宝簠斋藏器目》信息更加丰富，石刻收录范围从造像扩大到其他杂刻，数量多达69种，超过已知簠斋藏石总数的一

图七　鲁博藏抄本古石刻部分

图八　鲁博藏抄本北朝造像部分

半，且每种皆记述雕刻的面数、残损程度及题记磨勒程度等细节，是目前收录品种及数量最多、细节最丰富的簠斋藏石文献。其中，后凉至唐代的造像48种，《簠斋藏金石拓片三种》所无者17种，尤以北魏正光六年比丘尼宝渊造像碑_{二面}、东魏天平二年比丘口（曾）受造像残石_{一面}、北齐天保七年兵曹参军兄弟等造弥勒像下座_{二面}、六朝无年月口妙胜造像_{二面}、口财造像残石_{存十三行}、李楚等造像残幢_{存三面二行}、木茁村人口登造像残石_{存十行}、唐圣历二年比丘尼妙英造弥勒像记_{与先天二年宋文师铭同一石}、太和二年沙门灵璨佛塔造像_{三面}、无年月造像残石_{存三行，造佛愿皇祚永隆等}10种信息皆极难见（图八）。非造像类杂刻是簠斋藏石中更难见的类属，而《宝簠斋藏器目》也提供了六朝至宋代的杂刻21种，品种丰富，其

中既有六朝无年月王太等题名残幢_{存五面}、唐北海县令顾口昌造尊胜陀罗尼经残幢、宋庆姐等题名残幢_{存三面十行}等经幢，也有宋天禧元年小师法胜建卯塔记、崇宁二年牟懿等建伏烟龙王宫题名残石等建筑题名石刻，更有唐调露元年管均、管俊、贞元九年樊口言、大中十一年陈立行、中和三年敬延祚、金大安二年郑公等墓志。这些高度集中一处的稀见信息，对完善簠斋藏石全录而言无疑帮助巨大。

四、结语

作为清代金石学的领袖人物，陈介祺一直都是学界研究的重点，且相关研究已经相对全面及比较深入。但无法否认的是，这些研究基本侧重于对青铜彝器等传统金石学重点领域及陶文等开创领域，石刻砖瓦等非主要藏品领域研究相对较少，有些甚至连最基本的准确数量及藏品清单都没有，不能不说是个重要遗憾。这一方面是因为簠斋惰于编纂藏目，使有些类目缺乏藏目资料，另一方面也是没有较好综合利用文字、拓本集等资料造成的。《宝簠斋藏器目》虽然是一部有明确时间下限及收录数量有局限的藏目，但对考订簠斋藏泉范、古瓦、石刻而言，作为唯一或者收录数量最多的藏目，其无疑是一部非常重要的参考文献，极需从目前的馆阁深藏走入学者视野。

---

① 邹安：《簠斋藏古册目并题记》，《金文文献集成》第18册，线装书局，2005年。

② 卢芳玉：《国家图书馆藏簠斋君子砖馆藏砖目》，《文津学志》年刊，国家图书馆出版社，2010年。

③《簠斋尺牍》（十二册本），"光绪元年十二月四日致潘祖荫"，商务印书馆影印本，1919年。

（作者单位：山东博物馆）

清末民国时期华侨出洋帖研究

罗佩玲

中国华侨历史博物馆馆藏一批近现代时期广东侨乡的契约文书，其中有一类的立契理由跟侨乡民众出洋有关，名称有揭帖、一本万利帖、生银帖、训帖等。这些帖里面清楚写明立帖的理由都是"往金山宜银急用"或"往外洋求财之用"，即计划出国谋生的华侨苦于"无处计备"，只能以向宗亲借钱或与家庭成员分遗产的方式获得出国的费用。帖里都提及"立揭帖存炤（照）"或"立帖为据"，但与宋朝以来形成和使用的揭帖除了称谓相同，内容和用途等都不同，为了以示区别，本文将这些与华侨有关的帖统一名为"华侨出洋帖"。

传统揭帖是如何发展演变为华侨出洋帖的，这是本文主要分析和探讨的问题。华侨出洋帖见证了清末民初华工出洋的历史，具有重要的研究价值和意义。本文尝试用分析比较的方法，结合史料与实物，将华侨出洋帖订立的时间与清末民初华工出洋的历史结合起来分析，研究这些出洋帖的内容、性质、用途，以及在华侨史上的意义等。

一、华侨出洋帖

华侨出洋帖从内容上可分为借钱揭帖和分产揭帖两种。其中借钱揭帖指因缺钱而向他人借钱、债权人与债务人双方签订的揭帖，所立的揭帖作为日后偿还款项的凭证，里面言明立帖双方、借款数额、还款期限及利息等详细信息，可细分为"生银帖""一本万利帖"。"训帖"是华侨

出洋帖的另一种形式，从内容来看属于分产揭帖，主要是将家产分配给家庭成员，立帖目的是为家庭成员出洋提供办理护照的费用和船费等。

（一）借钱揭帖

华侨以借钱出国为由而订立的揭帖即为借钱揭帖。馆藏清同治元年（1862）华侨邓远藏与房兄（宗族兄弟）邓善同签订的"一本万利帖"，以及民国十九年（1930）雷法兑与同宗族叔叔雷家汉、雷品汉分别订立的"生银帖"，从内容上看均属于借钱揭帖。

1. 一本万利帖

清同治元年，邓远藏计划出洋到美国金山大埠（旧金山）谋生，但苦于出洋费用不足又"无处计备"，惟有向同宗族的堂兄邓善同借钱，双方签订的揭帖名为"一本万利帖"（图一）。

据帖中所述，邓远藏从邓善同处借得"本银叁拾肆两正"，利息为两厘，约定两年内还清本银及利息，超过两年期限则每两银连本按叁两计算，本利总共壹百零贰两。帖里提及的本银叁拾肆两，即俗称的银两，而非纸质的银钱、银票。帖里言明还款方式是邓远藏到美国后，用工作所得的工资偿还，并规定工资不可私自寄给国内家人，而是先寄给邓善同扣除，直至还清借款，揭帖才失效。

揭帖里提及的"金山大埠"指的是美国加州的旧金山。早期出洋的华侨华人习惯上将美国加州旧金山称为"金山大埠"，又译作"三藩市"或"圣弗朗西斯科"。1848年加州发现金矿以后，很多人

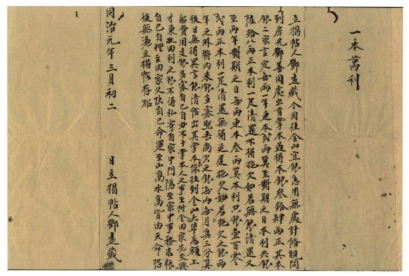

图一 "一本万利"帖

怀着发财梦来到当地淘金，令旧金山的人口剧增，城市也得到发展壮大，成为当时美国密西西比河以西最大的城市。1860年第二次鸦片战争后，才有华人到达金山大埠谋生，之后华人的人数逐年增加，在同治四年（1865）当地华人的人数过万[①]。早期到达金山大埠的华人大部分是契约华工，通过签订合同或者以被拐卖、欺骗的方式来到旧金山的矿区当矿工，一部分是自愿出洋、自备船费到美国淘金的华工，他们都在当地从事艰苦的体力劳动。

2. 生银帖

"生银帖"也是借钱揭帖的一种。民国十九年，雷法兑为出洋谋生，将先父遗留给他的田产分别典押给同村的叔叔雷家品、雷家汉以换得出洋款，双方签订"生银帖"（图二、图三）。

这两份揭帖里写明出洋目的是"往外洋求财"，雷法兑为了筹集出国的费用而将祖父遗留的田产分别典押给同村同宗族的叔叔雷家品、雷家汉，典押所得的钱即"生银"——贰佰元，规定每两每月利息为七厘。

揭帖里面提及的生银，本义为金属矿物质，也指从含银矿物质中冶炼提取出的银，相对于黄金，它还有"白金"之称。银的延展性能特别好，多用于铸制钱币、制作首饰和其他装饰品。《清稗类钞》对银的属性、特点及作用等进行了多方面描述。

银为金属化学原质之一，色白，光泽甚美，古谓之白金。富于展延性，能传热及电。性软，故制货币、时表及装饰品时，常和铜少许，使略坚。多存于矿石中，与铜、铅、硫、砒、锑等化合。间有天生单体，为藓状、块状者，谓之自然银，吾国产之。市上所用之生银，以两计者，即自然银之成块者也。[②]

生银除用于制作钱币、首饰等，还常用于宗教活动。道教认为只有用从矿石冶炼提取出来的生银，才可以炼制出具有得道飞升为仙的功能的丹药。

唐武宗皇帝好神仙异术，海内道流方士多至辇下。赵归真探赜玄机，以制铅汞，见之者无不竦敬。请于禁中筑望仙台，高百尺，以为骖鸾驭鹤可刻期而往。常云飞炼须得生银，诏使于乐平山采取。既而大役工徒，所出者皆衔石矿，非烹冶乃无从而得。[③]

除本义之外，"生银"的引申义为产生、滋生银两，即用生银按照一定的样式铸成的银锭、碎银，具有信用货币的特征。雷法兑与两位叔叔分别订立的"生银帖"里，均有"生得本银贰佰元""另生伍拾员"的描述，可见帖里提及的"生银"用的是引申义，指的是雷法兑将自己的田产当给叔叔，由田产典押产生的银两即为换得的本银。从这层意义上可以理解"生银帖"的由来，即通过典押房产或田产等具有经济价值的物品产生本银，双方订立的揭帖也由此称为"生银帖"。

"一本万利帖"与"生银帖"虽然从

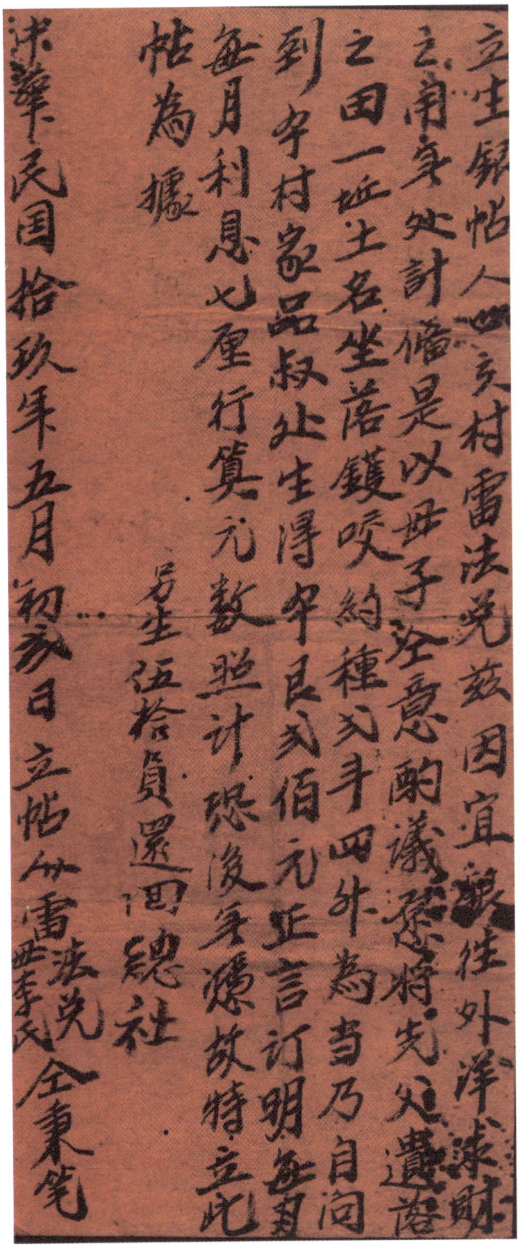

立生银帖人卌交村雷法兑兹因宜往外洋求财
之用身处計備是以母子经意酌議懇將先父遺落
之田一坵土名坐落鏤咬約種弍手四外為当乃自问
到本村家品叔处生得本艮弍佰元正言訂明每
每月利息弋厘行算元数照计恐後無憑故特立此
帖為據
另至伍拾員還回 總社
中華民国拾玖年五月初弍日 立帖人雷法兑 母李氏 全東笔

图二 雷法兑与雷家品签订的生银帖

内容上均归为华侨借钱出洋帖，但两者获得钱款的方式不同。“生银帖”以典押房产、田产等方式换得银钱，而“一本万利帖”则以赊账的形式预支款项，不涉及实物典押、交换，与清末时期“赊单华工”的形式相似。

赊单华工与合同华工，两者性质不同。合同华工是签订了雇用债务合同或务工合同的中国劳动力，合同上写明了时效性，有一定的工作期限（年限、每天工作小时数），在规定的工作期限内按照合同规定进行相关工作。契约华工签订的合同具有强制性，其行为要受到合同的制约，如违反要被追究责任或承担一定的后果。“债务合同与务工劳务合同之间是否有连带关系或者是否可以相互转嫁，可以说是赊单制与合同制的最根本区别。”[④]

赊单华工最大的特点是具有借贷性质，华工由于无钱支付出洋所需的费用，

立生艮帖人卌交村雷法兑今因宜艮為往外洋
求財之用身处计備是以母子酌議懇將先父遺落
之田一坵坐落土名崔巢約種弍手四外為按当乃自问
至本村家漢叔处生得本艮弍佰元言订明每月每
月利息弋厘行算元数照计恐口無憑是以特立此
帖為據
中華民国拾玖年五月初弍日 立帖人雷法兑 母李氏 全的笔

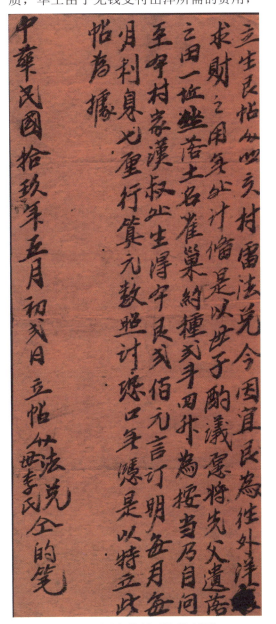

图三 雷法兑与雷家汉签订的生银帖

于是商定好由雇佣方、商会或组织等先垫付，用日后工作所得的工资偿还赊欠的钱款。同治元年"一本万利"揭帖具有借贷性质，虽然与赊单华工签订的合同相似，但是订立的不是合同，而是揭帖。

（二）分产揭帖

民国二十三年（1934）黄氏按照已故丈夫司徒于堃的遗嘱，与儿子们订立了训帖，将家产分配给四个儿子，目的是为他们提供前往美国谋生所需要的路费、护照费用等（图四）。此帖与借钱揭帖不同，不是借钱出洋，而是通过分遗产的方式获得出洋的费用；订立揭帖的双方也不是债权人与债务人，而是母子关系。

此帖在折面自题为"训帖"。"训"是具有教导或训诫的话，训帖的内容多为将先人或死者留下的有教育意义的话语抄写在帖上。但黄氏给儿子们订立的训帖与传统上的训帖不同，实质上为分家析产契约。其丈夫司徒于堃的遗训是希望四个儿子团结互助、以和为贵，不要为了遗产而起争执和纠纷，于是黄氏按照遗嘱为儿子们订立了训帖，规定四个儿子不要计较出洋先后、支取多少，并制定了支取和使用遗产的规则，还详细记录了家庭成员支取遗产的缘由和数额等信息。

二、华侨出洋帖的特点

帖是一种古代的文书形式。华侨出洋帖与揭帖、民间票帖，三者使用的都是帖的形式。华侨出洋帖沿用了揭帖之名，两者之间存在发展和演变的关系；华侨出洋帖与金钱分配、借贷、典押财物有关，在这一点上接近于民间票帖；虽然地契是契约文书，但在土地、田产的典押、买卖方面，与华侨出洋帖也有相同的地方。这

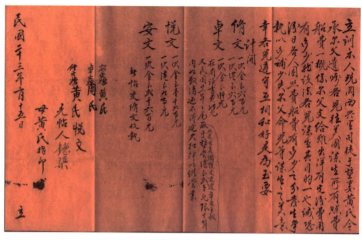

图四　训帖

四者之间有相同点，但更多的是不同。通过比较分析，可以更了解华侨出洋帖的内容、性质和用途。

1. 华侨出洋帖与传统揭帖

揭帖，《通雅》释为："宋元丰中，诏中书例写一本，纳执政，分令诸房揭帖。谓揭而贴之。古贴、帖通用。《世说》以如意帖之是也。今人因有揭帖之名。"[5]揭有高举、揭起的意思，可引申为公开、公示之意。揭帖可以理解为一种张贴公布的文书。宋代出现揭帖，刚开始只是作为一种非正式的上行公文使用，用于张贴财政报告，多在朝廷传播和使用。明朝时期，揭帖的形式开始多样化，"既有公文揭帖，也有私人揭帖，其内容不仅有朝政要事，也有民间琐事"[6]。

明清时期，揭帖在民间传播后，其使用主体、内容及用途逐渐发生变化。使用主体不限于官方，内容不限于官方报告，民间也开始使用揭帖的形式张贴宗族或家庭启事、文告等。

清末民初的华侨出洋帖从传统揭帖发展、演变而来，两者同中有异，相同的是"揭帖"的称谓，在内容、用途等方面存在很多不同。传统揭帖无论是官方还是民间使用，内容多为启事、文告，与借贷或典押田产等无关；而华侨出洋帖则均与钱财有关。中国华侨历史博物馆馆藏的借钱揭帖也并非全为华侨出洋帖，也有普通的

借钱揭帖，如《广东台山李汝深、李汝彰与李楷明签订的揭帖》，抄录如下⑦：

> 立揭帖人李汝彰、（李汝）深，今因宜银茸屋，无处计备，是以母子酌议，愿将父亲遗落家产推出，按当在房亲李楷明处，揭得本银叁佰陆拾大元正，订明自揭银日起限四年内要将本银一足如数清还，为四年对明确系算法清还，每两每月奉回利息陆厘计算，再限六年要将本利清还，若仍无清还，任由李楷明将家产变更取足，欲后有凭，立揭帖一纸为据。
>
> 母 谭氏指摹
>
> 中华民国拾七年九月初五日
>
> 立揭帖人 李汝彰、（李汝）深

借钱揭帖的开头都会写明立帖的主要原因是缺钱，帖内言明借出的钱款数额、偿还日期及方式等。此帖是李汝彰和李汝深两兄弟在母亲谭氏的见证下，以修屋子缺银两又"无处计备"为由，将父亲去世后遗留的家产按当⑧给同宗族亲属李楷明，换得"本银叁佰陆拾大元正"，约定四年还清本银，利息是每月六厘，六年内还清利息，超过期限则没收其典押的家产。此揭帖作为借款凭证，为日后双方厘清款项提供重要依据。此外，馆藏民国五年（1916）《广东台山和乐村黄增湛等因讼将祖产田地换本银叁佰元所立揭帖》《广东台山李汝深因借钱结婚所立揭帖》，同样也是借钱揭帖，都以缺钱为由将祖产典押给他人。

借钱揭帖的主要内容都是借钱，无论是缺钱修房子还是缺诉讼费、缺结婚费用或缺出国费用等理由。华侨因缺出国费用而订立的借钱揭帖与传统揭帖存在很多不同。

首先，揭帖的使用主体不同。传统揭帖为官方使用，即使明清之后传播到民间，但普通老百姓也很少使用；而使用华侨出洋帖的主体为计划出国谋生的早期的出洋华侨。

其次，立帖的目的、性质和用途不同。传统揭帖是为揭示张贴相关公告或启事，具有公开性，会造成一定的舆论效果。华侨出洋帖具有私密性，主要为筹备出洋的费用而订立，内容与田产、财物相关，只是详述家庭财务状况，以及言明借钱出洋的原因和数额。

再次，形式大相径庭。传统揭帖使用的是白纸折，高和宽有固定格式，"每幅为高24cm，宽12cm，篇幅长度依题本字数多少来断幅"⑨，折面有"揭"或"揭帖"字样。而华侨出洋帖则多用红色纸，均为手抄，无固定格式，尺寸根据内容而定。

2.华侨出洋帖与民间票帖

华侨出洋帖与民间票帖都与金钱分配、借贷、典押财物有关。民间票帖滥觞于清乾隆年间，是一种由钱庄、银号、当铺或地方商会等非官方机构或私人发行的信用纸币⑩。票帖作为一种符号货币流通，多冠以"票""帖""券"等名称，"有凭帖、兑帖、上帖名目。凭帖系本铺所出之票，兑帖系此铺兑与彼铺，上帖有当铺上给钱铺者，有钱铺上给钱铺者。此三项均系票到付钱，与现钱无异。"⑪

"明清时期实行银钱平行的货币政策及银色钱质的淆杂局面，较大程度上直接推动了钱币兑换业的发展。"民间票帖是钱币兑换业务及典当业发展的产物，也伴随着这两项业务的繁荣和衰落而潮起潮落，直至退出流通市场。

华侨出洋揭帖与民间票帖的共同点是具有信用特征，最大的区别在于是否为流通的信用货币。首先，出洋揭帖是一种信用凭证，其性质类似借钱字据，不是货币，更不能流通；而票帖属于信用货币的范围，其性质如支票、汇票或本票，可以发行、流通和兑换。

其次，票帖有相对固定的印刷版式、行文格式及装饰图案，需要填写钱款数额、铺号及编号等信息；而出洋揭帖没有固定版式，没有任何装饰图案，只是简单地将内容写在纸上，言明借出的钱款数额及约定偿还的日期、利息等。

再次，票帖一般有商铺、当铺、商会或个人加盖的图章，具备一定的法律保障；而出洋揭帖为私人签订，没有铺号的图章，只有立帖双方的签字或画押，立帖即为凭证，具有一定的约束力，但因双方私下签订缺乏法律保障。

3. 华侨出洋帖与地契、契帖

在通过典当土地获取银两方面，华侨出洋帖与地契相似。而地契又可以分为绝卖地契和活卖契，其中土地活卖契是最典型最通用的形式，属于典当契。首先，华侨出洋帖与土地活卖契都是将土地当做典当的担保品，"在典当期限内，典当人让渡土地使用权和土地收益，以代应付地价的利息"⑫。其次，两者在用语、措辞方面也相似，典当田契通常使用"因使用不足""无处计办"或"因需银紧用"等理由立契，华侨出洋帖也往往使用"无处计备"等措辞立帖。此外，活卖契与借钱出洋帖都是作为一种凭证，保障日后可以赎回。

虽然两者有很多相同点，但其实性质是不同的，区别在于是否存在土地的交易、买卖。华侨借钱出洋帖只是通过土地的典当、按押获取出国费用，不存在买卖关系，地契则关于土地的买卖和交易。首先，华侨出洋帖行文没有固定的格式，也没有官方机构或私人的盖章，有的只是立帖双方及见帖人的签字或画押；地契有固定的行文格式或印刷版式，还可细分为红契和白契，需要加盖骑缝章、私人章等。

其次，华侨出洋揭帖不用缴纳契税；而地契需要缴纳契税。

再次，华侨出洋揭帖言明土地为按当、典押，不涉及买卖；而地契则标明土地买卖的价钱，绝卖契在契约内注明"绝卖""永不赎回"等字样，活卖契也写明"活卖"，为卖主保留赎回的权利。

还有一种介于地契与揭帖之间的特殊文体——契帖，从名字上看是地契与揭帖两种文体的结合，实物有中国华侨历史博物馆馆藏民国二十八年（1939）《广东台山李圣金和李楷明签订的岗田契帖》，其内容抄录如下⑬：

> 立永卖断岗田契帖人李圣金，今因宜银急用，无处计备，事宜夫妻酌议，愿将祖父名下岗田一坵土名，坐落璜琪坑佛凹颈处，出卖与人取回，时价通用毛券叁拾大元正，自问到房亲人等各无银买，私凭中人李□初引至李楷明承买，计开四至明白，明卖明买，不是娄卖别人之业，如有来历不明，系卖主理安，不干承买人之事，自交易之后不得生端反悔，赁由买主永远管业，一卖千秋，恐口无凭，立永卖断岗田契帖交与李楷明收执为据。此契帖是实。田面松树为买主保管。

> 作中人　　李□初、新源
> 民国廿八年三月初□日
> 立契帖人　李圣金　谭氏
> 全日领到契帖内毛券叁拾大元正交与李圣金亲手接为应用

该帖虽然名称上综合了地契和揭帖，但从内容及用语、措辞上看实质为地契：其一，内容关于土地的买卖，而非典押土地；其二，使用"出卖""一卖千秋""永卖"等词语，表明是绝卖地契。这些特点都将契帖与借钱揭帖区别开来。

综上所述，华侨出洋帖实质上是一种沿用了传统揭帖称谓的特殊揭帖，从传统揭帖发展而来，其内容、性质和用途综合了民间票帖、地契、契帖等的特点。其主要记录清末民初早期华侨为了出国谋生而将土地、房产等进行典押或分配的内容，具有民间票帖的金钱借贷性质及地契、契帖关于土地典押、赎回等方面的内涵。

三、清末民初的币制改革——废"两"改"元"

清同治元年"一本万利帖"里，借出的本银以"两"为单位；民国十九年"生银帖"中借出的钱均为"贰佰元"，而非贰佰两，可见帖里提及的生银、本银不是银两，而是银元；民国二十三年黄氏与儿子们订立的训帖中，分配的遗产也以"元"为单位。这些华侨出洋帖使用不同的货币记账，计算单位不统一，也反映出清末民国时期中国的货币改革和变化。

明清时期财政发生变革，"将银两作为国家财政收支的统一统计单位，换句话说，变革的主要标志，不是'白银货币化'，而是'统计银两化'"[14]。清末，全国各省市流通的货币多样，民间置买房产、田地货物交易等已经很少使用银两，市面上流通的多为银钱、钱票。"各省市面现有用银元者，有专用银块者，有仅用铜钱者，有杂用私钱者，有并官私钱皆无而专用纸票者，有以货易货者"[15]。流通的银钱即"洋钱"，"江、浙、闽、广等省行用洋钱，直隶、河南、山东、山西等省则用钱票。"[16]清末民初社会上银、钱并行，主要有生银、大个儿钱、银票、钱票。这四种货币不存在主辅币的关系，银票和钱票本身没有价值，只是作为一种符号货币发行和流通，生银在流通中占主导地位，并作为国库收支的统计标准。

京师钱市之沿革

光绪庚子以前，京师钱市通行之物凡四种。一、生银。银锭、碎银。二、大个儿钱。虽有当十字样，实不过抵制钱二文。三、银票。四、钱票。盖当时银钱虽通行于津、沪间，而京师则以国库出入俱用银两计算，虽有外人旅居，绝少商人，故于金钱上之势力，甚为薄弱。[17]

中国自古以来是用银之国，海关也用白银计算。鸦片战争后，各种战争赔款导致白银大量外流，造成"银荒"，加上鸦片贸易促使洋元大量进入中国流通市场，进而导致货币流通领域发生混乱。清末时期朝廷各机构对币制改革进行过争论：一种是行用金本位币制还是银本位币制，一种是实行银两制还是银元制。内阁中书王在宣认为现在不宜行用金本位币制，"中国货币，虽云无一定之本位，然丁粮税课、廉俸工饷，一切收入、支出之款，莫不以银两核计。是虽无银本位之名，而俨

然有银本位之实"[18]。但督察院都御史陆宝忠仍提倡用金本位，认为"吾国今日势不能不用金本位"[19]。1907年度支部颁布《新币分量成色章程》，确定"元"为本币单位。辛亥革命爆发后，伴随清政府的灭亡，币制改革争论才告一段落。民国肇始，继续推进币制改革，于1928年废"两"改"元"，标志着"旧的银两制度结束，新的银币本位制得以确立"[20]。前面提及的民国十九年雷法兑签订的两份借钱出洋揭帖，借本银贰佰元用"元"而非"两"，即此次币制改革废"两"改"元"的见证。

四、清末民初华工出洋原因、条件、背景

中国人向海外移民的历史由来已久，但大规模的移民潮出现在鸦片战争后的晚清时期。"中国人移民国外，既是中国社会历史发展的产物，是中国社会历史的一个重要组成部分，更是世界移民史及其侨居地历史的重要组成部分。"[21]

明朝中期以后，尤其是"隆庆开海"后，海禁政策的取消为华侨出国提供了条件。明代后期，英国、法国殖民者来到东南亚，并成立了东印度公司，也为中国外贸带来了契机，中国商品不只要满足东南亚当地的需要，还可以通过东南亚作为中转地销往欧洲和美洲大陆。这对华商充满了吸引力，随着私人海外贸易的发展，形成了第一次真正意义上的中国人出国潮。鸦片战争之后，中国被迫不断开放沿海港口，加上西方资本主义入侵导致自然经济解体，为了生存，大量劳动力流向海外，引发了更大规模、持续上百年的出国潮。中国劳务输出经历了从非法到合法的一个漫长过程。大清入关之后，为了恢复中原的农业生产和维护社会稳定，主要实行"安民"和"宽民"的政策，如康熙时期的"永不加赋"、雍正时期的"摊丁入亩"等赋税改革政策，为之后的人口增长

提供了制度保障[22]。

对外政策方面，清朝前期延续明朝的海禁政策，不但禁止民众出洋，还禁止外国人私买或拐卖中国人。清政府将私自出洋的华人视为天朝弃民，甚至制定苛刻的法令惩处。然而乾隆朝之后，海禁政策出现松动。由于人口剧增，人口与土地的矛盾突出。据统计，"乾隆和道光两朝不仅自然灾害发生的总数比较多，年均次数也比较多"[23]，赈灾难度比其他朝代更大。自然灾害后随之而来的是饥荒，随着赈灾难度的加大，赈灾的时效性就比较弱，饥荒直接导致农民起义。人口压力，加上自然灾害、农民起义等因素，产生了一定的社会民生问题。为了缓解社会压力，清廷逐步放松"海禁"，准许部分沿海地区的民众出国谋生。这些人中有一部分是在海外从事贸易的商民，其余大部分是沿海省份的破产农民、手工业者、渔民和船夫。他们随着商人到海外，留在当地谋生，从事种植农作物、城市建筑、手工业等体力劳动工作。

新航路开辟后，东南亚、南美洲等地区进入了西方殖民统治的时代。西方列强用各种手段掠夺殖民地的资源，赚取利润。在开发殖民地的过程中，他们亟须大量的劳力，除了奴役当地的民众，仍有巨大的劳动力缺口，而中国的劳动力很廉价，于是打起了中国劳工的主意。在鸦片战争之前，英国就以不公开的方式在华南沿海地区招募中国劳工到东南亚当苦力。为了牟取超额利润，列强加大了对中国劳工的私募力度，招募方式是非法的，从欺骗到绑架，迫使中国劳工到东南亚、南美洲等地区的种植园、矿区进行开发和生产工作。被欺骗或绑架出国的华工也被叫做"猪仔"，这项非法劳动力贩卖也被称为"猪仔贸易"。通过猪仔贸易贩卖到海外殖民地的华工数量很多，造成了大量的劳动力流失。鸦片战争之后，国门被西方列强武力打开，中国与外国事务往来日益频繁。西方资本主义国家由于工业的发展对

廉价劳动力的需求加大，于是相继在华进行公开招聘劳工的招募活动。以闽粤为主的东南沿海城市，出现了大批出洋谋生的契约华工，形成了大规模的"下南洋"移民潮。

据清政府统计，此时期的出洋人数大大超过以往任何一个时代，"华商出洋贸易，不下百数十万人，南洋各埠，略分闽、粤两帮，若欧美各洲尤以粤商为多"[24]。1860年清总理衙门与英、法签订《北京条约》，其中有关条款承认苦力贸易的合法化，标志着清政府对出洋华工态度出现积极转变。1862年颁行的《续订招工章程条约》二十二款，更是在保护出洋华工及华工权益上迈出了一大步，这也是国内第一个保护华工的法令。这些款项规定：正式废除移民出洋的禁令；严禁非法拐卖人口；华工出洋打工年限为五年；华工出国要与雇主订立契约，契约期满回国的船资由雇主支付，等等。1865年清总理衙门与英国、法国签订了《续定招工章程条约》共22条，"既允许外国招募华工出国作工，同时规定三年期满归国。这是晚清政府制订的第一个保护华工的章程"[25]。

虽然清廷陆续出台了相关法令条约保障出洋华工的权益，但是在国外从事苦力劳动的华工依然备受雇主的歧视和残酷凌虐，工作环境、饮食条件等都极端恶劣，过着炼狱般的生活，很多华工都被虐待致死。清廷知悉华工的凄惨境况后，也尝试努力改变这种境况，比如与外国谈判，签订相关条约保障契约华工的权益。1877年，清政府与西班牙签订了《会订古巴华工条款》共十六条，明令废止契约华工制，规定禁止用强制或诱骗的方法拐卖华工。"十六条实乃史无前例的外交胜利，标志着大清的海外华工政策呈现了新转机。"[26]从最初的禁止出洋，到出台法令条约进行保护，清政府的态度可谓是发生了巨大的转变。清朝政府开始正视中国劳工输出的问题，通过官方层面关注这一

群体和现象，改变对这一群体的政策和定位，从禁止出洋转变为默认或支持出洋，并欲拉拢、管控这一群体，自此劳务出口从非法私募逐步走向合法化。随着出洋合法化，出国人数也大幅增加。此外，晚清政府还为出洋经商的华商、旅居在外国的华侨，以及出国谋生的华工，专门制定了《保护华侨》法令。

民国时期，虽然政局多变动，但是华侨政策比以往更为开放，政府颁布保护华侨以及严禁贩卖"猪仔"的相关法律条文，允许国民自由出入境或出洋谋生。开放的华侨政策促成此时期出现了华侨出国高峰，出国谋生的华工人数大量增加。

中国华侨历史博物馆馆藏华侨出洋帖，反映和见证的就是清末民国时期华侨出国谋生的历史，为研究特定时期的土地价格、侨乡土地流转情况，以及研究揭帖、契据类文体的发展和演变方面提供了重要的实物资料，具有重要的研究价值。

① 梁启超：《新大陆游记节录·附录一 记华工禁约（三）·旅美华人人数统计》："访诸华人故老之口碑，则当南北战争之时（一八六〇），华人始有至者。及同治四年，而旧金山大埠华人，忽多至及万。盖同治二三年，洪秀全溃于金陵，其余党以海外为遁逃薮云。故三合会之盛于美国，其原因亦颇在是。"（中华书局2015年1月，第165页。）

② ［清］徐珂：《清稗类钞·矿物类·银》，中华书局，2010年，第5955页。

③ ［宋］李昉等编：《太平广记·道术四·唐武宗朝术士》，中华书局，1961年，第466页。

④ 曹雨：《19世纪中叶赴美合同制华工与赊单制华工的比较》，《东南亚研究》2015年第3期。

⑤ ［明］方以智：《通雅·器用》，中国书店影印本，1990年，第372页。

⑥ 展龙：《揭帖：明代舆论的政治互通与官民互动》，《史学集刊》2018年第3期。

⑦ 原文无标点，文中标点为作者自行添加。

⑧ 按当即典押、典当的意思。

⑨ 赵彦昌：《明清揭帖考》，《山西档案》2007年第2期。

⑩ 王雪农：《中国陕西民间票帖》，《中国钱币》1991年第1期。

⑪⑯ 中国人民银行总行参事室金融史料组编：《中国近代货币史资料（第一辑）》，中华书局，1964年，第128页。

⑫ 李龙潜：《清代广东土地契约文书中的几个问题（代序）》，罗志欢、李龙潜主编：《清代广东土地契约文书汇编》，齐鲁书社，2014年，第4页。

⑬ 原文无标点，文中标点为作者自行添加。

⑭ 陈锋：《明清时代的"统计银两化"与"银钱兼权"》，《中国经济史研究》2019年第6期。

⑮ 叶志如：《清末内阁部院官员会议行用金本位说帖稿》，《历史档案》1984年第4期。

⑰ ［清］徐珂：《清稗类钞·农商类·京师钱市之沿革》，中华书局，2010年，第2292页。

⑱⑲ 叶志如：《清末内阁部院官员会议行用金本位说帖稿》，《历史档案》1984年第4期。

⑳ 王成瑶：《中国近代银制货币发行及兴衰演变分析》，《西部金融》2018年第12期。

㉑ 赵红英、张春旺主编：《华侨史概要》，中国华侨出版社，2015年，第18页。

㉒ 郝媛媛：《清代前中期人口激增引发的社会问题论略》，《哈尔滨学院学报》2017年第8期。

㉓ 黄冠佳、温思美：《自然灾害、人口压力与清代农民起义》，《华南农业大学学报（社会科学版）》2018年第5期。

㉔《保护华侨·商部奏出洋华商回至内地请饬各省一律妥定章程切实保护折并片》，《大清新法令点校本》第四卷，商务印书馆，2011年，第269页。

㉕ 杜裕根、蒋顺兴：《论近代华侨国籍与中国国籍法》，《江海学刊》1996年第4期。

㉖ 杨智友：《晚清海关》，江苏人民出版社，2017年，第111页。

（作者单位：中国华侨历史博物馆）

东城区望坛项目元代墓葬发掘简报

北京市文物研究所

望坛棚户区改造项目位于东城区永定门外街道，东邻景泰路，西邻民主北街，距永定门外大街230余米，北邻桃杨路，距南护城河428米，距天坛659米，南邻安乐林路（图一）。2019年6月至7月，为配合东城区望坛棚户区改造项目第三期考古勘探，北京市文物研究所对该项目第三期（安乐林中街南段）开展了考古发掘工作，本次共发掘古代墓葬23座，其中发现1座元代砖室墓（M94）。现将其情况简报如下。

一、墓葬形制

M94位于安乐林中街规划道路南段、发掘区南部，周边全部为明清墓葬，北邻明代墓葬M95。该墓西南部被一早期圆形盗洞破坏，东侧被一近现代扰坑破坏，墓室顶部不存，仅残存墓室东、西、北三面墙壁和墓门东侧墙壁。

墓葬南北向，方向189°。平面呈"凸"字形，为竖穴土圹方形带墓道砖室墓。墓口距地表0.2米，墓底距地表2.45米。墓圹南北长6.3米，东西残宽1.13—3.62米。由墓道、墓门、墓室三部分组成（图二，照片一）。

墓道：位于墓门南部正中。平面呈

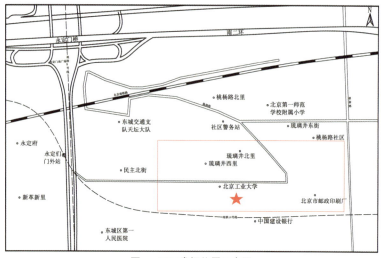

图一　M94发掘位置示意图

"T"字形，北宽南窄，壁面竖直，南北长2.5米，宽1.13—1.27米，深1.7米。北部被早期盗洞破坏，仅南半部尚存，自上而下残存四级阶梯，台阶残长1.13—1.23米，残宽0.12—0.23米，残高0.15—0.26米。

墓门：位于墓道与墓室中间，大部分为早期盗扰，仅残存东侧底部基础10层青砖，宽0.55米，高0.61米，均用素面青砖横向错缝砌筑。

墓室：位于墓门北侧，开口南北长3.8米，东西残宽3.62米。墓室下部平面近似方形，南北长2.8米，东西宽2.82米，残高0.55—1.1米。墓室墙壁先在底部平铺一层宽0.32米、厚0.08米的木炭，接着用青砖横向错缝砌筑11层，表面涂刷一层青灰。至0.71米处开始起券，起券处以青砖错缝砌筑6层，平面呈弧角方形。四角用青砖砌筑成三角形尖顶，墓壁表面涂一层厚0.06米的白灰。由于其上墓壁和

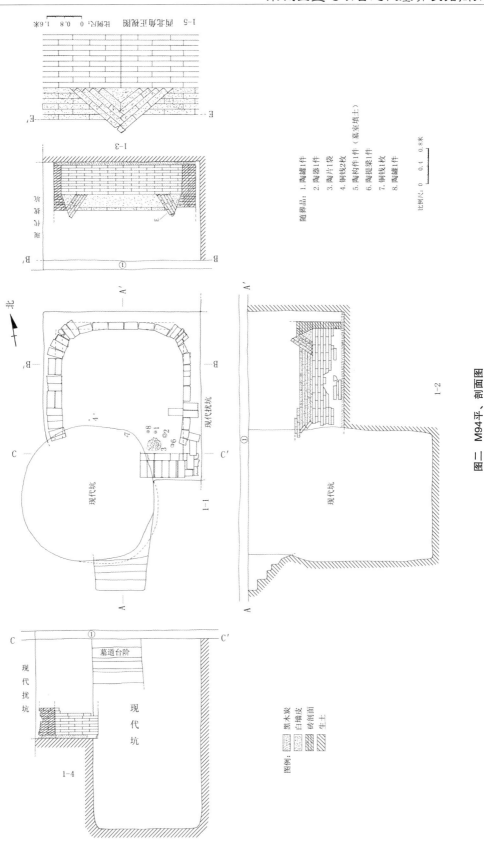

图二 M94平、剖面图

墓顶均为后期破坏，故墓室顶部形制结构不明。但根据墓室墙壁走势推测，其顶部应为穹隆顶。棺床全部为后期破坏，室内铺砖极少残存，仅在室内填土中发现有零散的人骨、铁棺钉，推测该墓葬具应为木棺，内置人骨。墓室底部系生土（照片二、照片三）。

仿木结构尖形顶仅东北角、西北角两处保存较好，东南、西南角的两处均为后期破坏。尖顶平面为等腰三角形，自外向内依次缩进四层，每层深0.07米、0.068米、0.05米、0.05米（照片四）。最外层斜边长0.65米，底边长1米，高0.42米，通进深0.238米。最内层斜边长0.28米，底边长0.45米、高0.14米。青砖全部为素面，规格有35.5×15.5×5.5厘米、38×16×6厘米两种。

照片一　M94墓室

照片二　墓室北壁

照片三　墓室东壁（自西向东）

照片四　墓室内仿木结构尖形顶

二、随葬器物

出土随葬器物共计13件，其中陶器8件、石构件1件、铁棺钉1件，以及铜钱3枚。陶器均为灰陶器，为小型陶冥器，可辨器型有陶杯1件、陶罐2件、陶斗2件、陶盆2件，其余均为陶器碎片。铜钱有"建炎通宝""绍兴元宝""咸淳元宝"各1枚。

1.陶器

陶杯　1件，M94：8，泥质灰陶，胎体轻薄，口部微侈，深腹，直壁，小平底。口径5.3厘米、底径3.2厘米、高6.8厘米（图三，照片五）。

陶罐　器形完整者2件，泥质灰陶，平底。可分为二型。

A型：1件，M94：3，敛口，圆唇，最大径在腹部偏上，弧腹，平底，四周有明显轮制痕迹。口径6.4厘米、底径3.3厘米、高7.6厘米（图四，照片六）。

B型：1件，M94：4，平沿，方唇，

直颈，最大径较前者靠下，斜直腹，圈足，底部略内凹，四周有明显轮制痕迹。口径4.2厘米、底径2厘米、高3.6厘米（图五，照片七）。

陶斗　2件，颜色不同，形制基本相同，直口，平沿，圆唇，束颈，鼓腹下部内收，小平底。口颈部捏制圆柱桥形提梁，轮制。M94：5，陶色呈灰色，提梁保存较好，口径3.9厘米、底径2.1厘米、通高6.6厘米（图六，照片八）；M94：6，陶色呈黑色，提梁仅残存一侧之底部，口径3.3厘米、底径1.7厘米、通高5.2厘米（图七，照片九）。

陶盆　2件，形制不同，可分两型。

A型：1件，M94：1，敞口，方圆唇，斜弧壁，底部略内凹，器外壁有明显修坯弦纹四周。口径11.7厘米、底径4.2厘米、高4.2厘米（图八，照片十）。

B型：1件，M94：2，盘口，弧腹，圈足，底部略内凹，上半身施黑釉，施釉不规整。口径9.3厘米、底径3厘米、高3.1

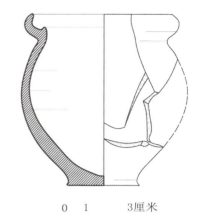

图四　陶罐（M94：3）

照片六　陶罐（M94：3）

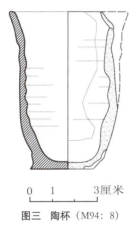

图三　陶杯（M94：8）

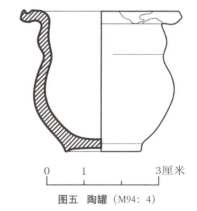

图五　陶罐（M94：4）

照片五　陶杯（M94：8）

照片七　陶罐（M94：4）

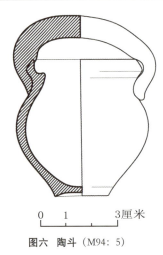

0   1   3厘米

图六 陶斗（M94：5）

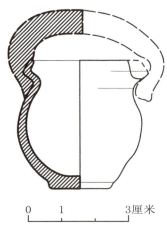

0   1   3厘米

图七 陶斗（M94：6）

照片八 陶斗（M94：5）

照片九 陶斗（M94：6）

厘米（图九，照片十一）。

2. 石构件

1件，M94：10，青石质，平面呈牛角状，一面有横向平行沟槽，另外一面为素面。长6.7厘米、宽5.2厘米、厚2.7厘米（图十，照片十二）。

3. 铁钉

3枚，编号M94：9，表面均严重锈蚀。规格有三种：长7.9—9.1厘米、宽2.3厘米；长9.2—8.7厘米、宽2.7厘米；长7.2—9.3厘米、宽2.8厘米。推测墓内应置木棺葬具，铁钉即为其上棺钉（图十一，照片十三）。

4. 铜钱

共计3枚，均为南宋时期铜钱。

建炎通宝1枚，M94：11，范铸，圆形，方穿，正、背面有郭，正面铸"建炎通宝"四字，楷书，对读，直径2.24厘米、穿径0.5厘米、厚0.1厘米、郭宽0.2

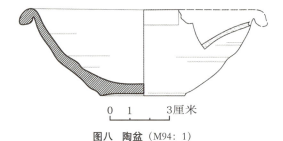

0   1   3厘米

图八 陶盆（M94：1）

照片十 陶盆（M94：1）

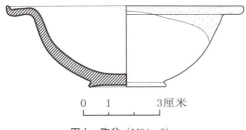

图九 陶盆（M94：2）

照片十一 陶盆 （M94：2）

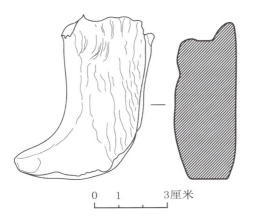

图十 石构件（M94：10）

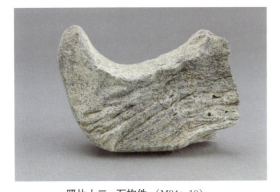

照片十二 石构件 （M94：10）

严重，圆形，方穿，正面有郭，正面铸
"咸淳元宝"四字，楷书，对读，直径2
厘米、穿径0.65厘米、厚0.1厘米、郭宽
0.1厘米，重2.4克（图十二，2）。

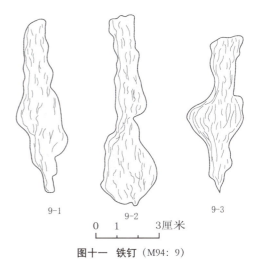

图十一 铁钉（M94：9）

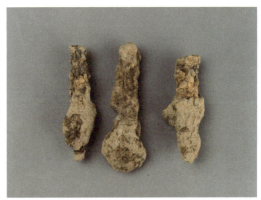

照片十三 铁钉 （M94：9）

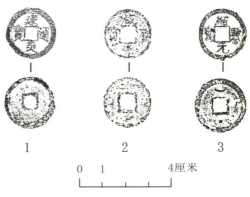

1.建炎通宝M94:11；2.咸淳元宝M94:12；3.绍兴元宝
M94:13

图十二 铜钱（M94：11-13）

厘米，重3克（图十二，1）。

咸淳元宝1枚，M94:12，范铸，残锈

绍兴元宝1枚，M94:13，范铸，圆形，方穿，正、背面有郭，正面铸"绍兴元宝"四字，楷书，旋读，背面铸月牙纹，直径2.14厘米、穿径0.65厘米、厚0.1厘米、郭宽0.2厘米，重3克（图十二，3）。

三、结语

1.墓葬年代

虽然该墓为后期盗扰破坏，未发现墓志等确凿纪年的遗物，但从出土的随葬器物、墓葬用砖及钱币看，其年代应为元代。

该墓出土陶器均为小型陶冥器，这与望坛之前发现的元代墓葬出土的小型陶冥器十分一致，且与北京及邻近的河北廊坊地区发现的元代墓葬中的十分相似[①]，陶斗M94:5和M94:6与北京元铁可父子墓、张弘纲墓[②]、北京石景山刘娘府元墓M1[③]、河北三河老辛庄墓[④]等出土器物形制较一致。陶杯与元铁可父子墓、张弘纲墓出土者几乎相同，仅口沿开敞程度不及后者出土的大。A型陶罐与元铁可父子墓、张弘纲墓、北京豆各庄元墓[⑤]相若，B型陶罐在以往元代墓葬中尚未见。陶盆M94:1和M94:2与北京石景山刘娘府元墓M1、元铁可父子墓、张弘纲墓、北京豆各庄元墓、河北三河老辛庄墓等出土器物基本相同，因此有理由断定该墓年代为元代。该墓所用青砖为厚度较薄的素面砖，规格包括35.5×15.5×5.5厘米、38×16×6厘米两种，根据以往发现的元代墓葬用砖情况，元代早期砖室墓的长方形砖尺寸一般为30×15×5厘米左右；元代后期砖室墓用砖开始增大，最长边可达36厘米[⑥]，因而对比该墓的青砖特点，认为建造该墓时应在元代中后期。该墓出土的铜钱全部是南宋时期铜钱，共计3枚，以南宋最后发行的一版钱币"咸淳元宝"作为该墓的年代上限，即该墓不会早于南宋咸淳年间，而年代下限则到了元代。元墓中出土宋代铜钱的现象并不少见，以往北京出土的元代墓葬，墓内出土的铜钱既多以唐宋时期为主，而且又以宋代铜钱为大宗，这与宋代经济高度繁荣密切相关。总之，尽管没有确切的文字记载或确凿的纪年文物，但将其确定为元代墓应无疑。

2.墓葬形制结构特点

此元代墓葬形制结构较为特殊，为下方上圆的砖室墓，即墓室下部平面为方形，之上逐层券筑，其平面遂呈圆形。在北京、河北、山西、山东等地区发现了很多底部呈方形、顶部为穹隆顶或攒尖顶的墓，如1977年北京密云县元代壁画墓[⑦]、北京斋堂镇元代壁画墓[⑧]、山西省大同市元代冯道真王青墓[⑨]、山西省侯马市区元代墓葬[⑩]、2005年山东济南郎茂山路元代家族墓M1[⑪]、济南柴油机厂元代砖雕壁画墓[⑫]、济南化纤厂元墓[⑬]等，这些墓葬除墓室整体结构为下方上圆外，墓室内均有明显的仿木结构壁画或砖雕，如济南柴油机厂元代壁画墓墓室四角均绘有逼真的斗拱图案，济南化纤厂元墓墓内有精美的仿木砖砌斗拱。

除此之外，墓室起券处四隅有平面呈三角形的尖顶结构也是该墓一个十分显著的特点。结合以往类似的考古发现，笔者认为该墓四角的三角形结构或是简化的斗拱，或是模仿木构建筑的屋顶而添设的，在墓室中应具有一定意义。在功能上，这一结构不仅是墓室承上启下的重要组成部分，还是促使墓室由方形转变为圆形的重要因素。以往发现的墓葬中，与之同类的有1998年在河北保定发现的元代张弘略及夫人墓[⑭]，该墓的墓室结构就具有这种尖顶叠涩结构，墓前后室平面呈方形，四角分别在0.75米和1.25米处用菱角子分五层叠涩，象征斗拱。2006年北京石景山射击场馆发现的一座元代墓葬（M68）[⑮]，墓底为方形，向上逐渐变为圆形，最后形成穹隆顶，墓室四角亦有这种三角形结构。

山东平阴县南山头村的一座元代石刻壁画墓[⑯]与望坛元墓也很相似，但略有不同。平阴元墓为坐北朝南的土洞墓，方向193°，包括墓道、墓门、墓室，墓室全部为石结构，下部平面呈方形，边长3.13米，东、南、西三面辟门。墙高1.05米处抹角叠涩一层石块，使平面收分成八边形。压于墙壁四隅的石块（角礅）立面中心各浮雕一虎头，其下有一穿，用途不详。再上又抹角叠涩一层石板，使平面呈九边形。由此向上由五层弧形石块砌筑成圆形穹隆顶。尽管如此，该墓还并未完全与望坛元墓一致，主要在于平阴元墓不存在三角形尖顶结构，仅仅是抹角叠涩的石块突出于底部方形墓室。近些年发现的其他元代方形砖室墓也与望坛元墓类似，但四隅雕刻砌筑的是五边形壁龛而不是三角形的攒尖顶，如北京通州元墓、2015年丰台元代塔基。

统观之，这种类型的元代墓葬在北京及其周边省份发现的非常少，缺乏对其科学系统的类型学研究和整体认识，因而无法把握其发展变化规律和产生消亡的原因，故还有待于新的考古发现以弥补缺环。这座元墓的发现不仅扩展了元代墓葬的学术视野，还积累了元代墓葬的研究资料，对于元代考古学研究具有十分重要的意义。

3. 与该墓相关的推测和问题

首先，由于该墓已经人为盗扰，对于墓主人的身份认定就成为一个重要问题，从墓葬规模、形制特点来看，确定该墓应是一座中型砖室墓，墓主人可能是元代中等阶层的地主阶级。其次，在弧角方形墓壁表面涂有一层白灰，其上是否有壁画存在难以得知。第三，墓室内发现一件石构件，角形，类似鸱吻，但其位置散乱，难以推测其在墓内的具体位置。因而也无法确定该墓内除四角攒尖顶外是否还有其他的仿木结构。

执笔：曹孟昕、孙峥

① 北京市文物研究所：《北京考古史·元代卷》，上海古籍出版社，2012年。

② 北京市文物研究所：《元铁可父子墓和张弘纲墓》，《考古学报》1986年第1期。

③ 北京市文物研究所：《北京石景山区刘娘府元墓发掘简报》，《考古》2014年第9期。

④ 沈晖：《河北三河老辛庄砖室墓的年代及相关问题研究》，《文物春秋》2020年第4期。

⑤ 北京市文物研究所：《北京地区发现两座元代墓葬》，《北京文物与考古（第三辑）》，1992年。

⑥ 徐沂蒙、李海波、王闯：《辽宁辽阳苗圃墓地元明墓发掘简报》，《北方民族考古（第7辑）》，科学出版社，2019年。

⑦ 张先得、袁进京：《北京市密云县元代壁画墓》，《文物》1984年第6期。

⑧ 北京市文物事业管理局、门头沟文化办公室发掘小组：《北京市斋堂辽壁画墓发掘简报》，《文物》1980年第7期。

⑨ 大同市文物陈列馆、山西云冈文物管理所：《山西省大同市元代冯道真、王青墓清理简报》，《文物》1962年第10期。

⑩ 山西省考古研究所侯马工作站：《侯马市区元代墓葬发掘简报》，《文物季刊》1996年第3期。

⑪ 郭俊峰、张宸、李全多：《山东济南郎茂山路发现元代家族墓》，《中国文物报》2005年3月30日第1版。

⑫ 济南市文化局文物处：《济南柴油机厂元代砖雕壁画墓》，《文物》1992年第2期。

⑬ 济南市考古研究所：《济南市化纤厂路元代墓葬》，《海岱考古（第八辑）》，科学出版社，2015年。

⑭ 河北省文物保护中心、保定市文物管理所、满城县文物管理所：《元代张弘略及夫人墓清理报告》，《文物春秋》2013年第5期。

⑮ 北京市文物研究所、石景山文物管理所：《北京射击场工程考古发掘报告》，载北京市文物局、北京市文物研究所：《北京奥运场馆考古发掘报告》，科学出版社，2007年。

⑯ 刘善沂：《山东长清、平阴元代石刻壁画墓》，《文物》2008年第2期。

博物馆建立突发事件应急计划的国际经验

王　茜

博物馆安全是博物馆工作的重中之重，博物馆安全为保障博物馆正常运转发挥重要作用，是维护社会和谐的重要因素。当前博物馆面临的安全形势依旧严峻，火灾、水灾、地震、虫害等自然灾害相继发生，盗窃、恐怖袭击、战争等人为事件时有发生，文物移动、化学品泄漏、监测设备老化等一系列因素带来了新的安全挑战，为博物馆安全提出了更高的要求，如何预防与应对博物馆突发事件成为博物馆安全的重要任务。世界各国的博物馆面对的安全风险各有不同，其应对方法也各有特色，了解别国处理突发事件的做法，吸取其经验，结合实际，为故宫博物院建立完善的突发事件应急计划提供有益的借鉴。

一、博物馆应急计划的起源

加利福尼亚大学图书馆的希尔达·波姆（Hilda Bohem）曾说过：只有当您未做好应对灾难的准备时，灾难才会发生[①]。为灾难做准备可能不会阻止灾难的发生，但会减轻灾难带来的影响。灾难随时随地会发生，制订和遵循应急计划可以帮助避免致命性的破坏，并可以防止灾难成为悲剧。

欧洲早期的应对灾难的记录可以追溯到1939年出版的《博物馆、美术馆和图书馆预防空袭的措施》（Air Raid Precautions in Museum and Picture Galleries and Libraries），是由大英博物馆馆长约翰·福斯克（John Fosdyke）于第二次世界大战爆发前撰写的小册子[②]。这本小册子使公众认识到灾难对博物馆及文物造成的危害。1986年英国汉普顿庄园（Hampton Court），1989年上乐园（Uppark），1992年温莎城堡（Windsor Castle）中发生了一系列火灾，火灾巨大的破坏性及善后重建的高昂代价促使英国各大博物馆和古建筑积极制订灾难计划和创建应急小组。20世纪90年代灾难计划在英国广为流传，随着博物馆风险的与日俱增，"应急计划"逐渐替代"灾难计划"，用于处理博物馆中可能发生的任何紧急情况。2004年英国博物馆、图书馆和档案馆委员会发起一项计划，要求英国各大博物馆制订应急计划。许多机构在网站上提供有关应急计划的信息以鼓励博物馆和私人收藏工作室从事灾难预防工作。

随着国际社会对博物馆风险认识的加深，2010年国际博协安全专业委员会在其网站以英语、法语、德语、汉语、俄罗斯语、土耳其语六种语言首次发布了《博物馆紧急情况处理程序手册》（Handbook on Emergency Procedures），全面介绍了博物馆常见的风险与应对策略，该手册对博物馆的安全防护有指导意义[③]。博物馆安全是博物馆运作的首要条件，为此有效的应急计划显得尤为重要。

二、博物馆应急计划的建立

国际博物馆较早认识到自然灾害等灾难对博物馆造成的巨大破坏，为此投入大量的技术与设备建立了较为成熟的应急制度。博物馆应急计划的制订包括三项内容。首先需要认识可能威胁到机构的自然灾害和突发事件，即进行风险评估，并确定风险的危害和影响。其次制订应急计划以应对已知风险，在可能的情况下进行灾难预防，将灾难造成的损失降到最低。最后需要根据应急计划指导博物馆工作人员应对灾难，开展抢救工作。

（一）风险评估

应急计划建立的第一步在于对风险进行全面评估，为制订措施奠定基础，帮助最大限度地减少灾难发生的可能性，确保灾难发生时能够快速有效地做出响应，帮助博物馆尽快恢复正常。博物馆常常面临火灾、水灾、盗窃、地震、恐怖袭击、化学品泄露、建筑受损、文物破损等灾害，全面细致地评估博物馆面临的所有风险、风险的程度及风险带来的损失，能够为制订有效的应急计划提供依据。风险评估的一个重要部分在于组织人员广泛协商，以吸取其他人的知识和经验，有助于确保风险评估的准确度。

（二）预防危机

预防机制是应急计划的关键环节，预防性规划的目的是使用风险评估来关注最可能发生或最容易预防的突发事件，并制订适当的措施来降低风险，同时尽量减少灾难对人员和藏品的影响。预防性规划包括：

1. 制订应急计划并根据新形势定期更新应急计划，以使其保持最新状态。

2. 对安保人员、业务人员、管理者等进行针对性的安全培训。

3. 设立安全保卫部门开展日常安全检查工作。

4. 检查藏品存放的环境，为文物藏品、建筑物制订灾后抢救措施。

5. 制订观众在事故发生时的疏散路线，确保人员安全。

6. 定期与应急服务部门，特别是消防服务保持联系，征求其意见，制订应对策略。

7. 进行建筑物的例行检查和维护，最大限度地降低屋顶漏水、排水管道的堵塞、电气设施漏电等风险。

8. 检查火灾和水灾探测和报警系统，维护安防系统的运行。

9. 了解其他博物馆应对紧急情况方面的经验，互相借鉴。

案例1：珀斯博物馆和美术馆（Perth Museum and Art Gallery）应对水灾

1993年1月17日，苏格兰的珀斯博物馆和美术馆周边的河流在积雪解冻后突然冲破了河岸，馆长吉姆·布莱尔（Jim Blair）经过评估后下令关闭博物馆，并在建筑物外部堆放沙袋，当天中午，水位仍然低于1990年特大水灾达到的最高水位，但到下午两点，水位仍在上升，预计将持续上涨。布莱尔安排更多博物馆工作人员做好应对水灾的准备。下午四点左右洪水通过门框和内部排水管道涌入博物馆。傍晚，博物馆内所有地上储藏室都被淹没到70厘米。工作人员将体积不大的可移动文物运到博物馆的高楼层，只留下垂直悬挂的大型油画。此时救援机构到达博物馆开始抽水。大约有五千件藏品受洪水影响（图一）。包括大量的相片底片、档案、绘画、陶瓷等。洪水携带的大量淤泥和沙子沉积在文物表面，对文物的抢救性修复带来重大困难。博物馆立即联系当地一家冷藏公司，将可以冷冻的文物冷冻，然后对其进行冲洗处理[④]。该策略使大量文物得以保存，及时的现场抢救措施使文物的损失降到最低，而全部受损文物的修复花了六年时间才完成（图二）。自1993年以来，博物馆已花费23万美元用于改进洪水预警系统和防洪设备。此外雇用一名应急计划专员，制订实施相关应急计划，

图一 受洪水侵蚀的文物

图二 用除湿器干燥文物

主要措施包括：将冗长的应急计划改为检查列表式，以便灾难发生时能够立即查询所需信息；与应急服务部门保持联络，将应急箱（塑料袋、铁撬、吸水布等）存放在博物馆的关键位置，以应对小型水灾；所有工作人员每年进行应急培训，开展应急演练，以上措施为指导员工从容应对小型水灾发挥了重要作用。

（三）应对危机

应对危机是建立应急计划的核心环节。无论应急计划多么完善灾难仍旧会发生，因此需要完善的措施确保及时应对突发事件。人员的安全是第一要务，在此前提下应急计划还必须包括保护和抢救藏品所需的信息，以便尽快将博物馆恢复到正常运行状态。应对危机需要：

1. 成立应急响应小组，对事故的出现做出第一时间的通报，并配合救援队伍的行动。

2. 建立救援队伍，在专业救援队伍到达事故发生地之前，自行组织的救援队伍肩负着临时转移或保管文物的职责。

3. 计划好转移文物的最佳路线、临时存储文物的地点，处理受损文物的方案。

4. 审查人员疏散流程的合理性，以便在紧急情况下通过广播向观众介绍逃生路线。

5. 准备建筑平面图，显示要抢救的藏品的位置，标明警报控制面板、开关、电源阀门以及数字化操作系统。

6. 恢复电力、照明、通讯、供水等运营。

7. 提供防护服、急救包等需要的救援设备和物品。

8. 与警方联络，紧急调用车辆，控制现场人员，应对媒体和公众。

案例2：特奈特博物馆（Rijksmuseum Twenthe）应对火灾

2000年5月13日，荷兰恩斯赫德市（Enschede）的一家烟花爆竹工厂爆炸，22人死亡，950人受伤，350至400所房屋被摧毁，特奈特博物馆也遭到破坏（图三）。庆幸的是，荷兰的每一所博物馆都制订过应急计划，工作人员都接受过培训，为应对灾难做好了准备。根据计划，所有游客和大部分工作人员在第一次大爆炸后立刻被带到楼下。在下一轮爆炸发生前，游客被带到博物馆外并向安全的地方疏散。博物馆负责人向上级机构汇报了情况，联系了警方和消防队，警方在博物馆外拉上警戒线，并护送工作人员进入博物馆清理展厅，藏品经过清洁包装后被送到了周边的克罗勒穆勒博物馆（Kroller-muller Museum）的仓库④。工作人员随后清点了博物馆受损情况，发现墙壁和屋顶已松动。重建工作迫在眉睫，很快修复计划出台，包括博物馆的重建计划和文物修复计划。经过一年的恢复重建，博物馆于2001年4月14日重新开放。

图三 受烟花爆炸冲击的特奈特博物馆

图四　战争中的伊拉克国家博物馆

案例3：伊拉克国家博物馆（The National Museum of Iraq）应对战争与盗窃

2003年3月伊拉克战争爆发，为确保人员和藏品安全，伊拉克国家博物馆关闭（图四）。为应对战争轰炸带来的危险，工作人员制订了文物存储应急方案，同时将小型文物搬入储藏室，大型雕像用泡沫包裹并用沙袋围住⑤。战争爆发后，有人进入博物馆盗窃，虽然有部分珍贵文物被偷，但是在应急方案的指导下，博物馆工作人员阻止了偷盗者的进一步行动。战争对博物馆的破坏是致命性的，应急计划可以保障人员安全撤离并尽可能地减少藏品被抢夺，最大限度地减少战争造成的损失。

三、国际经验对故宫博物院的启示

英国珀斯博物馆和美术馆应对洪水的做法迅速高效，文物处置及时，并在灾难发生后更新了应急计划，改进预警系统，配备应急物资以防不时之需。荷兰特奈特博物馆在爆炸发生后及时启动应急计划，员工有序疏散游客，并将文物送到周边博物馆。伊拉克国家博物馆在战争期间仍保护文物，防止文物被盗。三家博物馆应对突发事件的措施积极有效，故宫博物院可从中借鉴以下几点：

（一）制订文物藏品的应急抢救计划

故宫博物院以古建筑为主，建筑本身就是文物，木质结构建筑要防范火灾、白蚁侵蚀、雷暴袭击、雨水腐蚀。馆藏文物和展品面临文物老化、盗窃、水灾的风险。为此故宫制订了《故宫博物院消防安全管理制度》《故宫博物院电气事故应急预案》《故宫博物院防盗、防爆、防破坏工作规定》《故宫博物院安全用电管理规定》《故宫博物院反恐怖袭击工作预案》等应急预案，而突发事件发生时文物的抢救工作十分艰巨。

珀斯博物馆和美术馆遭遇洪水时，大量沙子沉积在文物表面，对文物的抢救性修复带来重大困难。博物馆立即联系当地冷藏公司，将可以冷冻的文物现场冷冻，然后对其进行冲洗处理。而伊拉克国家博物馆遭遇轰炸时将小型文物搬运至储藏室而将大型文物就地包裹。以上策略使大量文物得以保存，及时的现场抢救措施使文物的损失降到最低。故宫吸取了两家博物馆的经验，2019年故宫的书画作品赴海南参加展览，当文物抵达海南后，待展柜就绪，工作人员拆卸包装箱时发现部分箱内有白蚁，现场人员立即联系故宫，考虑到展览将近，将文物运回故宫再熏蒸杀虫耗时较久，但白蚁的存在严重危害文物，需要立即处理。经过对比多种应急计划，并借鉴国外博物馆的做法，最后派故宫修复人员赶赴当地，利用当地杀虫机构设备开展杀虫工作。此次突发事件的处理及时有效，也敦促故宫制订更加全面的文物藏品的应急抢救计划。

故宫现有藏品25个大类，包括陶瓷、绘画、法书、雕塑、漆器、珐琅、玉石器、织绣、家具、钟表、青铜器等，每个类别的文物应有不同的抢救方案，应急计划需涵盖各类文物的典型处理方法，指导文物的抢救工作，应急计划应包括灾难发生后优先抢救的文物类别，如可以优先考虑具有国家象征意义或价值高的文物。应急计划必须考虑文物是就地抢救还是搬运到合适且安全的区域再修复，同时考虑文物搬运过程中的风险是否大于留在原地临时保护与后期清理的风险。文物搬运至安全的区域后，再由专业人员决定在灾难发生后48小时内开展何种抢救，如木质文物应干燥，纺织品文物应除湿并保持通风，陶瓷类文物要装袋并贴标签保存。详尽的文物藏品的应急抢救计划将最大限度保障文物在灾难发生时的安全。

（二）制订更新观众接待的应急计划

故宫博物院还需防范众多观众参观带来的风险，做好突发事件的处置工作。故宫博物院现有《故宫博物院突发事件总体应急预案》《故宫博物院反恐怖袭击工作预案》《故宫博物院公共卫生应急预案》《故宫博物院启门、封门检查制度》《故宫博物院处置突发群体事件预案》等多项制度与规定[⑥]。预案的种类较多，内容详细，考虑到博物馆内部的机构变化和风险的变化，应向珀斯博物馆和美术馆学习，定期审查应急计划，根据实际情况进行评估，并在必要时修订更新，才能在突发事件发生时有章可循，发挥指导作用，快速解决问题。

故宫博物院（以下简称"故宫"）每年接待人数众多，2019年接待观众1933万，即使受疫情影响，2020年仍接待观众358万。2015年9月，在故宫武英殿举办石渠宝笈特展，《游春图》《伯远帖》《五牛图》等多件书画珍品展出，其中《清明上河图》是最近十年来的首次全卷展出。游客需排队三四个小时，甚至要全力奔跑，方可观赏到《清明上河图》，出现了"故宫跑"现象。为解决此问题，故宫根据院内总体预案，组织制订此次接待的应急方案，如连夜制作号码牌、增加座椅、发放参观手册、限制人数、单向参观、延长开放时间，增设工作人员疏导等（图五）。以上措施的实施保证了文物和游客的安全，维护了有序的参观氛围。

2020年1月以来，面对严峻的新冠疫情，故宫博物院闭馆三个多月，为确保五月一日有序开放，故宫依据院内公共卫生应急预案，根据北京市防疫工作的政策，制订了详尽的疫情防控与观众接待方案，主要措施包括：每日限流五千人参观，保卫处在入院环节增设了健康扫码区，在检票口增设红外测温仪（图六），配备应急隔离点；开放处新增69个指示牌和40块手提指示牌，提醒观众不扎推不聚集；行政处每天对室外区域进行三次大规模消杀；文创事业部设置四处室外餐饮和文创销售服务。小长假期间，各项措施发挥良好效果，参观秩序井然，切实发挥了博物馆展示和教育的职能，满足了人们的文化需求。

（三）扩大人员培训

英国珀斯博物馆和美术馆和荷兰特奈特博物馆每年对所有工作人员进行应急培训，组织开展应急演练，提高员工的应急处理能力。近年来，故宫博物院积极向国外博物馆学习，增加了新员工入职培训、消防演习、反恐怖演练、心肺复苏急救训练等多种培训。但是由于员工众多，演习覆盖的人员不够全面，除文物工作者参与演习外，也应该使志愿者参与其中，演习包括：疏散游客，使用紧急呼叫程序，使

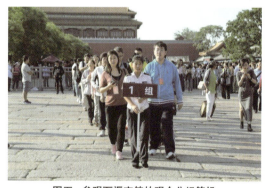

图五　参观石渠宝笈的观众分组等候

图六　五一期间通过红外测温仪对观众测温

用消防设备和应急包，掌握急救常识和紧急情况下的文物保护，使用平面图等。除了应急演习外，还可以进行各种培训，鼓励员工讨论一系列典型的紧急情况以及应对方法，交流演习的感受，以测试应急计划的有效性。紧急情况会影响人无法快速做出反应，而培训提高了员工应急处置的快速反应能力，帮助员工在困难的条件下尽可能有效地响应危机。

2018年5月1日，正值五一假期最后一天，大批观众在太和殿广场参观游览，由于参观人员较多，开放管理处太和殿区域组长正在疏导游客，突然，一名体态壮硕的男子快速翻越太和殿前石雕台阶栅栏，向太和殿跑去。组长第一时间注意到该男子的异常行为，边跑边拿起对讲机呼叫组员，警示有人跳殿。此时该男子已冲向殿内，殿内组员抓住了该男子，但该男子逃脱后继续前进，随后又一组员跑来反扭男子胳膊，该男子也瞬间挣脱，之后赶来的员工分别抱住该男子的颈部、腰部等部位，用绳子、防暴叉将跳殿男子控制住。日常的训练得到了体现，遇事不慌，快速应对，消除了一场安全危机（图七）。此次事件的成功处理，得益于日常工作中的应急处理培训。

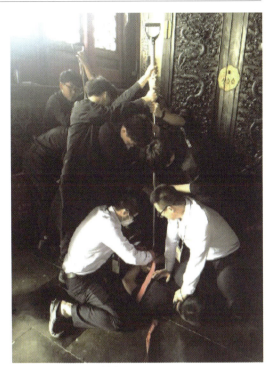

图七　故宫员工制止跳殿男子

（四）设立应急物资

珀斯博物馆和美术馆将应急箱存放在博物馆的关键位置，以应对水灾。故宫博物院也效仿该博物馆的做法，在展览区域和文物库房等重点区域配备消防灭火器以应对火灾（图八），同时在箭亭广场设立故宫急救站。此外应在人员密集场所配备应急箱，包括：防护服、手套、口罩、安全帽、灭火器、应急照明灯、备用电池、疏散指示牌等基本工具，应急箱的设立可以为突发事件提供第一时间的应急抢救物资，做到未雨绸缪。以故宫急救站为例，该急救站建于2012年，仅在2018年一年，紧急出诊及在站内急救处置患者数量达四千人次，大大降低了游客伤亡伤残率，在旅游景区为中外游客提供及时有效的紧

图八　故宫开展消防实战演练

急救护医疗服务方面做出了积极的贡献。

（五）升级改造预警系统

故宫博物院面积较大，院内有众多独立院落，为保护文物，及时掌握原状陈列的展厅和参观路线的客流情况，故宫引入安防报警系统和消防报警系统，由于设备较多，存在故障与老化等现象，没能充分发挥设备的作用。珀斯博物馆和美术馆1993年遭遇洪水之后，已花费23万美元用于改进洪水预警系统和防洪设备。为避免突发事件带来的损失，故宫应借鉴珀斯博物馆和美术馆的做法，尽快升级改造报警

系统、门禁系统、视频监控系统、通信系统、防雷电系统、集中管理中心控制系统等，引入智能化系统监测人流和文物状况，融合多种监测手段，保障设备的良好运行，依靠科技的力量全方位管理安防系统平台。采用先进的技术设施，充分发挥专家队伍和人员的作用，将人防、物防、技防相结合，努力打造全员参与多层防护的格局。

（六）加强与周边博物馆的合作

荷兰特奈特博物馆遭遇火灾后将文物运送至克罗勒穆勒博物馆，以利用周边博物馆的设备暂时保存文物，这得益于荷兰建立了体系完备的博物馆安全共享体系，如荷兰国家博物馆（Rijksmuseum Amsterdam）和梵高博物馆（Van Gogh Museum）同在阿姆斯特丹大街，两家博物馆为共同应对突发状况制订了合作计划，购买了相同的安全管理设备，建立共同使用的中心控制室[7]。故宫博物院周边有国家博物馆、首都博物馆、中国美术馆等多家文博机构，今后可仿效荷兰的做法，与周边博物馆等机构互相合作，集中优势资源，共建共享安全管理系统，借鉴安防的经验，共同应对突发事件，维护地区安全。

四、结语

博物馆肩负着收藏、展示、文物保管与研究的职责，并为公众提供传播爱国主义精神与历史知识的公共服务。随着社会的发展变化，博物馆面临的安全风险也与日俱增。博物馆安全不再局限于文物安全，还包括建筑、游客、工作人员、设备等多方面的安全。故宫博物院在国际化的浪潮中，应与时俱进，借鉴国际博物馆的安全经验，结合自身特点，建立起多部门联合全员参与的综合应急体系，最大限度地减少突发事件造成的损失，打造真正的平安故宫。

---

① 希尔达·波姆（Hilda Bohem）：《灾难的防范》（Disaster Prevention and Disaster Preparedness），加州大学（University of California），1978年，第5页。

② 马乔里·凯吉尔（Marjorie Caygill）：《大英博物馆在第一次和第二次世界大战期间对国宝的保护》（The Protection of National Treasures at the British Museum during the First World and Second World Wars），选自《艺术和考古学中的材料问题》（Materials Issues in Art and Archaeology III），材料研究学会（Materials Research Society），1992年，第29页。

③⑤ 国际博协安全专业委员会网站，http://network.icom.museum/fileadmin/user_upload/minisites/icms/pdfs/2019_Emergency_Handbook_english.pdf。

④ 约翰·马丁（John Martin）：《应急计划》（Emergency Planning），《博物馆实践》（Museum Practice Spring 2005），2005年，第43-59页。

⑥ 故宫博物院编：《故宫博物院规章制度汇编》，故宫出版社，2013年，第132-155页。

⑦ 田凯等：《博物馆安全的国际经验》，《中国文物报》2014年7月22日第5版。

（作者单位：故宫博物院）

北京工业遗产的价值构成

章永俊

工业遗产作为文化遗产的一种类型，其本身拥有多重价值内涵。北京工业遗产的价值同样具有多层次的特点，其中，科学技术与工艺价值、历史价值、社会文化价值、经济利用价值是四个主要方面。深入剖析北京工业遗产的价值构成，可以为工业遗产的认定、保护和再利用工作提供科学依据。

一、科学技术与工艺价值

工业文明的发展是科学技术不断创新的过程。在工业遗产中被人类遗留下来的机械设备、运输工具、厂房和工业生产所使用构筑物无一不记录了当时科学技术的发展水平和施工工艺。工业构筑物则从建筑学角度反映了当时建筑材料的使用和建筑结构的形式[①]。这些都是工业遗产所反映出的科学技术价值。

与文化和自然遗产不同，工业遗产主要是在近代科学与工业革命后随着时间的推移而沉淀生成。许多工业遗产中包含着天才的科技发明与创造，其中包括对自然规律的洞悉、科学的生产与组织方式等，都会对后人产生启迪。工业遗产见证了科学技术对于工业发展所作的突出贡献。工业遗产在工业生产空间的选址规划、建筑物和构造物的施工建设、机械设备的调试安装、生产工具的改进、工艺流程的设计和产品制造的更新、科学的生产与组织方式等方面，也都记录着重要的科技信息。这些共同构成了工业遗产承载的科学技术价值，也是工业遗产区别于传统文物保护

单位的本质特征。

由于工业的核心是技术，因此科技方面的价值在工业遗产的多重价值中具有举足轻重的作用。例如，工业建筑和构筑物在结构、材料和施工等方面具有独特性和先进性。著名的798工业区是德国建筑师在充分研究北京地震史的基础上，坚持高抗震强度建筑设计，墙体本身的砖和混凝土的强度都非常大，已经成为世界上为数不多的能够代表包豪斯时代最高成就的建筑群。

青龙桥"人"字形铁路是京张铁路工程的重要组成部分，具有百年历史，目前仍在正常使用。京张铁路于1905年9月开工，1909年8月建成。京张铁路从南口北上要穿过崇山峻岭，坡度很大，为了缩短线路、降低费用，詹天佑大胆创新，设计了"人"字形铁路线，北上的火车到了南口以后，就用两个火车头，一个前面拉，一个在后面推，过了青龙桥，火车向东北方向前进，进入"人"字形铁路线路的岔道口后，原先推的火车头改成拉，而原先拉的火车头又改成推，使火车向西北前进，这样一来火车上山爬坡就容易多了。当时如此大胆的设计，在中国铁路建筑史上是一个不小的创举。位于康庄火车站东侧约220米处的康庄机车库及其附属建筑是京张铁路最具代表性的工业遗存，由机车库（旧称火车房）、水塔、煤台等组成。其中，砖木结构的机车库和水塔建于1907年，由詹天佑亲自选址和设计，而且是目前华北地区现存最大的清朝末期的机车库及附属建筑，也是目前设施（线路、

地沟、值班房、升降式烟囱、自闭式窗等）保存最完整的大型机车库。其先进、科学的设计理念和精良的建造技艺都令人叹服[②]。

非物质工业遗产的工艺技能集中反映了前工业时代的工艺、技术、技艺，及其与现代工业技术的传承关系。例如作为国家级和北京市非物质文化遗产项目的"燕京八绝"（景泰蓝、玉雕、牙雕、雕漆、金漆镶嵌、花丝镶嵌、宫毯、京绣），充分汲取了各地民间工艺的精华，在清代均开创了中华传统工艺新的高峰，并逐渐形成了"京作"特色的宫廷艺术。

景泰蓝是"燕京八绝"中制作工序最为复杂的宫廷巧器，其制作工艺在明代景泰年间得到了较大的发展，形成了富有中国特色的珐琅艺术。其中，掐丝是景泰蓝制作的关键工序，正是这道工序把景泰蓝和其他珐琅工艺区别开来，使景泰蓝成为"燕京八绝"之一。

北京玉雕历史悠久，造型浑厚、庄重，图纹工艺比较复杂，以大件和摆件为主，在人物、山子、器皿、花卉等品种上都有独特的风格。在制作上因材施艺，尤以玛瑙俏色见长，具有宫廷艺术特色和皇家风范。渎山大玉海是北京玉器中最大的一件器皿，其制作继承和发展了我国琢玉工艺上"量料取材"和"因材施艺"的传统技艺。

牙雕历来是皇家工艺，其产品主要作为皇家贡品，清朝早中期，北京牙雕在传统技法的基础上，把圆雕、浮雕和镂空雕等技法结合运用，并把古代绘画、石雕、泥塑等艺术形式运用到象牙雕刻中，逐渐形成了雍容华贵的宫廷艺术风格。

北京雕漆的工艺十分繁复，每一道工艺都由不同的工匠来完成，其制作过程主要包括制胎、刀法和刻功等环节。在刻功上，清代雕漆较之明代有显著特点：明代漆色暗红，清代鲜红；明代刀法圆润，多磨光，清代刀痕显露，不打磨；明代花纹庄重浑厚，清代繁缛纤细；明代胎骨多为木胎，清代则兼有瓷胎、紫砂胎、皮胎等。

金漆镶嵌，是以优质红松等木材制胎成型髹漆，再在漆底上运用镶嵌、雕填、刻漆、彩绘、贴金、罩漆等髹饰技法制成，尤其是将金漆和镶嵌有机地统一在一起，表现出一种富丽华贵、庄重古雅的美感。北京金漆镶嵌在元代就已颇为成熟，清代内务府造办处下设42作中专门有漆作，金漆镶嵌所表现出的珠光宝气、雍容华贵体现了皇家的大气，是带有浓厚京味儿的工艺精品。金漆和镶嵌是两种技艺。金漆又称金髹，主要是对金、漆、彩的运用，又细分为描金、贴金、扫金、搜金、洒金、戗金、金箔罩漆等。镶嵌，从技法上看，有平嵌、轿嵌、花镶嵌、百宝嵌等。金漆可单独运用，而镶嵌常常与金漆相结合。

花丝镶嵌，又称细金工艺，实为花丝和镶嵌两种技艺的结合。明、清两代是北京花丝镶嵌的兴盛时期，成为了宫廷艺术的重要组成部分。北京花丝镶嵌，在明代已有精湛的技艺水平，堆、垒、织、编、掐、填、攒、焊等技法样样俱全，尤以编织、堆垒这两种难度较高的技术见长，而且还常用点翠工艺（即把翠鸟的蓝绿色羽毛贴在金银制品之上），取得金碧辉煌的效果。明代金银制品具有精密、纤巧、喜镂空的工艺特色。用金丝、花丝编掐成的代表作，当属北京定陵出土、现由定陵博物馆收藏的明万历皇帝的金冠。清代宫廷里的金银工艺、风格与明代不同，以錾、嵌为主，如故宫珍宝馆陈列的"金枝玉叶"大盆景、"点翠花鸟"大挂屏、银烧蓝"鹤鹿同春"等珍品，工艺制作则把实錾、攒炼、镶嵌、点翠、烧蓝等技术手法结合起来，将金银工艺和玉雕工艺相互结合。

北京地毯，在古代曾经是皇宫御用、王公贵族专享，所以又被称作"宫毯"。宫毯的编织是纯粹的手工工艺，它采取经线、纬线交叉的方法，将所有经线一根一根并列悬挂，并固定好。经线的数量和长度是根据宫毯的大小和不同的工艺要求严格计算出来的，经线的排列要求密度一致，决不能交叉。

京绣，作为北方独有的绣种，因过去专用于宫廷服饰，所以也被称做"宫绣"。京绣工艺从画样开始（老师傅们称为"出样子"），然后把画样一针一针完整地扎到绣面上。接下来绣工要做的就是"配线"。京绣配线讲求自然和谐，配线的好坏全凭绣工们的自我感觉。所有这些准备工作做好以后，真正意义上的京绣这才开始。以此方法绣出的每一件京绣都显出皇室气派、贵重珍奇。

令人遗憾的是，辛亥革命以后，"燕京八绝"的艺人大量流落民间，宫廷工艺光彩不再。曾经红极一时的传统工艺成了亟待保护的非物质文化遗产。"燕京八绝"作为中国宫廷艺术的精华，确实需要国人继承发扬其工艺价值。

二、历史价值

工业遗产是工业文明的历史体现，是一定历史时期人类社会生活的产物，是记录一个时代社会经济、产业水平、工程技术等方面的文化载体，见证了工业活动对历史和今天所产生的深刻影响，具有时代的特点。

工业遗产对于创造它的先人来说，主要发挥社会、经济等使用功能。而对于保护和传承它的今人和后人来说，则主要发挥其文化象征及景观展示作用，通过展示使人类认识其文化历史内涵。工业遗产记录了工业技术的发展历程、工业材料、制造工艺等技术历史信息，反映了社会历史、政治发展及人们物质生活和精神生活的发展变化，是具体而真实的实物见证。

琉璃渠村位于门头沟区三家店永定河古渡口西岸，琉璃烧造工艺是该村传承千年的技艺。元朝在这里设立了琉璃局，派有六品监造官监督烧制琉璃制品。清乾隆年间北京琉璃厂由城内全部迁至此地，此后又修水渠至此，故名琉璃渠村。乾隆二十一年（1756）创建的过街楼位于琉璃渠村东口，俗称灯阁，亦称三官阁，是琉璃渠村的标志。过街楼下部为城台状，由砖石砌成。东额"带河"，西额"砺山"，皆是琉璃烧制。城台券洞上有殿堂3间，东向，建筑精良，硬山琉璃瓦顶，正脊内外侧均是琉璃五彩花卉，檐下悬琉璃匾额，西为"三官阁"，东为"文星高照"。前后栏墙由六角形几何图纹"龟背锦"琉璃面砖装修。琉璃饰件皆为本地烧制，是北京地区琉璃烧造业历史悠久的实物见证，具有较高的历史价值[3]。

门头沟的通兴煤矿是有监生头衔的段益纯于光绪五年（1879）开办的，有两口煤井，挖煤工六七十人。煤矿成立时基本为手工采煤，人力、畜力运输，19世纪末英商参股控股后，开始使用近代机械。通兴煤矿的创办是中国煤矿历史上的一件大事，也是北京第一个中外合办煤矿。

神机营北京机器局是北京最早的近代工业。其后随着国外资本的进入，陆续办起一些近代工厂。从近代工业出现到北京（平）解放，北京工业发展极其缓慢。企业规模小，设备简陋，技术落后，产品成本高、质量低，绝大多数工业原料、设备和日用消费品依靠外地供应和国外进口。到1948年，全市虽有万余家工业户，但多数为手工生产，百人以上的工厂仅有石景山钢铁厂、北平发电所、门头沟煤矿、长辛店铁路工厂、琉璃河水泥厂、面粉厂等十几家[4]。其中，石景山钢铁厂见证了中国民族钢铁工业在近代艰难起步及在新中国飞速发展的历史。北平发电所是当时北京唯一的一座公营发电厂，全厂装机4台，总容量5.5万千瓦，是北京市内供电的主力电厂，是新中国建立前北京电力发展的缩影。如今，首钢石景山厂区的高炉和配套的设备设施，反映了北京乃至中国钢铁工业发展历程。这里每一寸土地、每一段铁轨和每一间厂房，都记录了我国产业工人的光荣传统和优秀品德，成为北京近百年工业史的历史见证[5]。

门头沟煤矿创建于光绪五年，华商段益三在圈门外购地36.5亩，建立通兴煤窑。1896年，美国人施穆出资该矿，成立中美合办通兴煤窑股份有限公司，成为中国近代史上中外合资办企业的第一家。此后该窑产权在外商中辗转。1907年，该矿落入英国人衰基和纪尔马的手中[6]。门头沟煤矿是北京历史上第一座近代大型煤矿。在新中国成立后，为社会主义建设作出了重大贡献。

长辛店在中国近代工人运动史上占有光辉的一页，被称为"中国工人运动的井岗山"。这里是"二七斗争"的发祥地之一，留下了李大钊、毛泽东、邓中夏、何长工、张太雷、罗章龙等革命先驱开展早期工人运动的足迹[7]。

北京焦化厂在历史上创造了商品焦产量第一、自主建设我国第一座6米大容积焦炉等多个中国"第一"。可以说北京焦化厂的发展与新中国煤化工工业文明有着紧密的关系，同时也见证了新中国成立后北京城市建设与发展的历史[8]。

这些工业遗产，是记录当时时代经济、社会、工程技术发展水平等方面的实物载体，有些还与重大历史事件或伟大的历史人物相联系，赋予工业遗产特殊的历史价值。

三、社会文化价值

工业遗产的社会文化价值包括和人类生活息息相关的物质和非物质的内容。

现代工业的发展促进了整个社会的城市化进程，促进了城市的经济发展，改善了居民就业。近代企业建立了科学的管理模式、经营理念和团体精神，并建立了职工宿舍、职工俱乐部等基础设施，这些都与企业职工的生活息息相关，存在于人们的记忆之中，有很深的情感烙印，因此工业遗产具有场所精神，是当地居民和社区

的情感归属[9]。首钢工业遗产是世界级的工业文化景观遗产，是人与自然共同创造的极其宝贵的文化景观。在从"大工业时代"走向"信息化时代"的世界发展格局中，这样完整的工业文化景观遗产已经非常难得。首钢工业遗产记录了中国工人阶级在新中国成立初期的创业精神，这些能够通过物化的工业遗迹表现出来。首钢工业遗产既整齐庄重，又朴实无华，见证了国家为解决经济发展和人民生活问题的决心和魄力，记录了工人群体为实现工业发展目标所作出的巨大贡献[10]。

工业遗产社会文化价值的非物质性，主要体现在企业精神、企业文化、企业理念中，它在社会经济和城市文化多样性等方面也具有重要的影响。对于工业遗产文化价值的发掘，主要通过查阅城市与企业的声像、文档和工业记录，查阅城市居民与企业职工的文章诗句和生活日记等加以观察研究，同时通过访谈，探察人们有关工业生产的记忆、情感和生活习惯，从而分析工业遗产的文化影响力。另外，工业建（构）筑物作为工业历史与文化的标志物，其变迁过程直接记录着企业的演变历史，对于企业的文化建设和发挥社会影响具有重要作用[11]。

首钢工业遗产中蕴含着务实创新、兼容并蓄、励精图治、锐意进取、精益求精、注重诚信等工业生产中铸就的特有品质，为社会注入一种永不衰竭的精神气质。保护这些反映时代特征、承载历史信息的工业遗产，能够振奋民族精神，传承产业工人的优秀品德[12]。此外，首钢独特的工业文化景观对于提升北京的文化品位，具有特殊重要意义[13]。

京张铁路的建筑遗存之一——康庄机车库及其附属建筑，虽然作为铁路运营设施已完成了历史使命，但它作为我国自主投资、设计、建造的首条干线铁路的重要历史见证物，其文化遗产的价值和意义仍然存在[14]。

千余年来，琉璃渠村作为琉璃之乡而

声名远扬，素有"中国皇家琉璃之乡"美誉，入选第三批中国历史文化名村[15]。

北京非物质工业遗产在非物质文化遗产领域得到广泛的体现。盛锡福始创于1911年，其皮帽制作工艺流程复杂，加工制作一顶皮帽通常都要经过几十道工序。从皮毛裁制开始，道道工序都有讲究。其用料之讲究、做工之精细是很多制帽工艺难以望其项背的。这是历代的制帽师傅通过对生产经验长期的积累总结得出的技术成果，具备机械制造无可比拟的优点。这些复杂而又严格的制作程序使盛锡福皮帽成为外形美观、端雅大方、考究精致并穿戴舒适的帽中精品，曾多次为历届国家领导人制帽，并馈赠国际友人，也深受广大消费者的青睐：为周总理出访俄罗斯制作的水獭皮帽、为江泽民主席制作的羊皮前进帽、为印尼总统苏加诺做过的三羔皮帽及面向普通顾客出售的各式皮帽都证明了盛锡福皮帽制作工艺的精良水准和上乘品质。"头顶盛锡福"成为人们在生活上追求高品质的一种象征[16]。

今天，"盛锡福"已成为著名的中华老字号，在全球化背景下面临新的发展机遇和挑战，并逐渐摸索出一条独特的发展道路——以文兴商，即商品价值是通过赋予商品以文化价值来实现的。现在，"盛锡福"的产品涉及时装帽、针织帽、皮帽、皮革帽、便帽、孩童帽、草帽等七大类三千多个品种。皮帽是北京"盛锡福"的主打产品，也是目前最高档的产品。实际上，在老字号的产品中，文化价值和商业价值是由不同的产品来承载的。在"盛锡福"，皮帽和其余六大类帽（统称为非皮帽）构成互补的结构关系。皮帽是"盛锡福"产品中机械化程度最低的一个种类，至今还是以手工制作为主，每年的产量仅为三千至四千顶，仅占总产量的三分之一弱；大宗商品如时装帽、针织帽、便帽等中低档产品占据总产量的三分之二以上，基本依赖机械化生产，工厂设在北京大兴，有的大宗商品（如针织帽）甚至由

别的工厂代生产、"盛锡福"监制[17]。

创建于清咸丰三年（1853）的内联升以制作朝靴起家，产品为宫廷御用。内联升在创始之初，每订做一双朝靴，都是量尺寸、试穿样子，到顾客穿着随脚舒适满意为止。另外，对来店做鞋的文武官员的靴鞋尺寸、式样等都逐一登记在册，如再次买鞋，只要派人告知，便可根据资料按要求迅速做好送去。如今，鞋店仍坚持对有特殊需要的予以定做，并可保留其鞋的尺寸及要求，满足顾客的要求。

创始人赵廷善于经营，将顾客信息进行统筹编著出一本《履中备载》，专记王公贵族和官吏的靴鞋尺寸、样式和特殊脚形。清朝下级官员为讨好上司，经常去内联升参照数据定做上司朝靴作为礼物，内联升生产的朝靴身价倍增，一双可卖白银几十两。《履中备载》也成为中国最早的"客户关系管理档案"，被编入北大光华管理学院MBA课程案例库。如今，内联升的服务对象变成了普通百姓，但"以诚相待、童叟无欺"的经营理念却保持至今[18]。

内联升的千层底布鞋制作工艺的传承方式，是师传徒的老模式。由技艺高超的老师傅通过口传心授，将自己的制鞋经验、窍门教给徒弟，徒弟通过体会、理解，在实践中继承师傅的技艺，从而一代一代传承下来。由于其制作工艺严格、工艺独特、选料考究、做工精细、技艺高深、难度大、耗时长，内联升的学徒需要三年多才能出师，如今学习此项技艺的人越来越少。内联升手工制鞋工艺于2008年被列入《国家级非物质文化遗产名录》。

牛栏山二锅头酒传统酿造技艺是数百年来历代酿造匠师们的智慧结晶，它的创发和演进过程，折射出不同时期商贸往来、交通运输、习俗风尚等诸多方面的特点，承载了我国北方农耕文化的历史，传承了历史悠久的烧酒酿制技艺，具有明显的地域文化特质[19]。"牛栏山二锅头酒酿造技艺"于2008年被列入《国家级非物质

文化遗产名录》，牛栏山酒厂也获得"纯粮固态发酵标志"，被指定为中国清香型白酒的代表。

四、经济利用价值

工业遗产具有重要经济利用价值。它们见证了工业发展对经济社会的带动作用。工业的形成与发展往往需要投入大量的人力、物力和财力，而对工业遗产的保护可以避免资源浪费，防止城市改造中因大拆大建而把具有多重价值的工业遗产变为建筑垃圾，有助于减少环境的负担和促进社会可持续发展。同时，保护工业遗产能够在经济振兴中发挥重要作用，保持地区活力的延续性，给社区居民提供长期稳定的就业机会。通过对城市中的工业遗产重新进行梳理、归类，在合理利用中为城市积淀丰富的历史底蕴，注入新的活力和动力。保留工业遗产的物质形态，弘扬工业遗产的文化精神，既能为后世留下曾经承托经济发展、社会成就和工程科技的历史记录，也能为城市经济未来发展带来许多思考和启迪，更能成为拉动经济发展的重要源泉。

北京工业遗产的经济价值不仅体现在它作为曾经的物质生产和科技进步的载体，更多的是体现在遗产文化内涵赋予它的高经济附加值，从而实现传承城市文化传统、塑造城市文化内涵、彰显城市文化的多样性、促进经济建设与产业发展的目的，达到城市内在精神与外部形态的和谐互动。

国务院批准首钢实施搬迁方案，为首钢工业遗产保护提供了难得机遇，但同时也带来了重大挑战。在这一搬迁、调整、整治过程中，首钢工业遗产将面临重要抉择，成为既紧迫又不可回避的现实问题。整体保护首钢工业遗产，保留住北京20世纪"工业记忆"，实现工业遗产保护与经济社会发展的和谐互动与共存。

首钢涉钢业务搬迁后，这片曾经是重工业的土地上不仅代表过去工业的繁荣，还将发挥新的作用，即与新兴产业和新兴文明对接，实现首钢调整搬迁地区的再生。首钢调整搬迁将不仅成为"支柱产业外迁、区域经济的流失与补充、城市整体产业结构完善"的中观尺度区域产业结构调整的经典范例，还将为"尊重工业历史，促进地区可持续和谐发展，实现效益最大化"的工业遗产保护与新兴产业的对接提供宝贵经验。

据《首钢年鉴2014》记载，首钢园区被国家发改委列入全国城市老工业区改造试点，列入北京市首批绿色生态示范区，园区各专项规划和设施拆除工作取得了新进展。非钢产业通过加大产品、服务和市场开发力度，实现利润63.59亿元，同比增长66%。继续实施资源整合，按照2012年提出的8个平台建设任务，初步搭建了金属公司、矿业投资公司、源景公司、医疗投资公司、体育文化公司、环境产业公司等平台；充分利用首钢工业遗产举办了一系列文化活动，首钢园区被授予国家级工业文化旅游AAA级景区，为首钢发展文化产业作出有益贡献[20]。

① 寇怀云：《工业遗产技术价值保护研究》，复旦大学博士学位论文，2007年。

②⑭ 白月廷：《京张铁路最具代表性的建筑遗存——康庄机车库及附属建筑》，《中国文化遗产》2013年第5期。

③《小长假大旅行》编辑部：《中国古村游：细说169个中国历史文化名村（第5版）》，中国铁道出版社，2014年，第299页。

④ 谭烈飞：《北京方志提要》，中国书店，2006年，第328页。

⑤⑬ 沙磊：《首钢：留住北京"工业记忆"》，《中关村》2013年第8期。

⑥ 北京市门头沟区文化文物局：《门头沟文物志》，北京燕山出版社，2001年，第271页。

⑦ 王义明：《踏着父兄的足迹》，中国铁道出

版社，2014年，第46页。

⑧ 施卫良、杜立群、王引、刘伯英：《北京中心城（01—18片区）工业用地整体利用规划研究》，清华大学出版社，2010年，第174页。

⑨ 朱文一、刘伯英：《中国工业建筑遗产调查、研究与保护（四）——2013年中国第四届工业建筑遗产学术研讨会论文集》，清华大学出版社，2014年，第39页。

⑩⑫ 单霁翔：《20世纪遗产保护》，天津大学出版社，2015年，第203页。

⑪ 田燕：《文化线路视野下的汉冶萍工业遗产研究》，武汉工业大学出版社，2013年，第105页。

⑮ 《门头沟"中国皇家琉璃之乡"琉璃渠村入选中国历史文化名村》，《北京日报》2007年6月12日第1版。

⑯ 陈珺：《浅议非物质文化遗产的保护与传承——对内画鼻烟壶制作和盛锡福皮帽制作的调研与思考》，《多元与包容——2012中国城市规划年会论文集（12.城市文化）》，2012年。

⑰ 舒瑜：《老字号的技艺传承——以北京"盛锡福"皮帽制作为例》，《西北民族研究》2013年第2期。

⑱ 舒慕虞：《内联升的文化符号》，《东方企业文化》2011年第7期。

⑲ 刘志显：《牛栏山二锅头酒酿制技艺被列入国家级非物质文化遗产名录》，《中国消费者报》2008年6月18日C2版。

⑳ 首钢总公司史志年鉴编委会：《首钢年鉴2014》，社会科学文献出版社，2015年，第29页。

（作者单位：北京市社会科学院历史研究所）

圆明园舍卫城遗址夯土城墙盐分调查研究

周　华　邹非池　金和天　张中华　周双林　张中俭

舍卫城遗址位于圆明园中北部，是圆明园唯一的一座佛教建筑，俗称"佛城"。舍卫城平面呈长方形，南北长150米，东西宽110米，总占地1.65万平方米，建筑面积3700平方米[①]。

但在100多年前，这一"佛城"被英法联军一炬变为废墟，其当时的辉煌与繁荣已不复存在，舍卫城遗址目前仅剩东西城墙部分保存相对完好，北部城墙被埋入土中，成为一条宽大的梯形土岭，南城墙仅存三合土夯土一块。城内建筑早已荡然无存，大部分基石也被挖走了，在荒草下遍地乱砖碎瓦，呈现出一片颓败的情景，亟待采取措施加以保护。

圆明园舍卫城城墙用灰土夯筑而成，内部夹杂石块与瓦片等，外侧有包砖。遗址所在地区受典型的北温带半湿润大陆性季风气候影响，夏季高温多雨，冬季寒冷干燥，春、秋短促。冬季与春季，大风携带沙粒年复一年对遗址磨蚀破坏非常严重，加之夏季雨水冲刷的交替作用，使夯

图一　东墙底部掏蚀

土城墙产生各种形式的片状或块状剥落，城墙形成许多龟裂和开裂的小块，以迎风面墙体最为严重。

自2017年4月开始，北京联合大学文物保护与修复团队对舍卫城遗址的各类病害进行了系统调查和分类统计。本次调查依据《土遗址保护工程勘察规范》WW/T0040—2012。调查结果显示，舍卫城遗址存在植物病害、微生物病害、酥碱、掏蚀、残缺、裂隙等6大类病害，总污染面积高达989.78m²[②]，其中掏蚀和酥碱病害占比较高，掏蚀是由于夯土城墙墙根处易溶盐含量高，在易溶盐的活动下墙根土体会变得越来越疏松，导致墙根土的物理力学性质降低，随着风与水等外力作用的侵蚀，使得墙基凹进墙体，从而形成墙体根部掏蚀病害（图一），发生掏蚀病害的墙体由于局部的支撑力降低，墙体便沿夯土层缝开裂、坍塌。该病害通常受到温度、湿度、冻融、可溶盐和霉菌等的影响[③]。而酥碱病害是夯土在蒸发作用下，夯土内部的可溶盐随着水分一起发生运移到达夯土表面时，水分挥发，可溶盐盐分会残留在夯土表面，结晶富集。当空气温湿度较高时，表面的可溶盐会吸水溶解，而当温湿度较低时，又形成结晶体。结晶—溶解—再结晶的反复导致膨胀—收缩循环，使得夯土表面发生破坏[④]。关于土遗址掏蚀、酥碱等病害有诸多学者进行了深入研究[⑤⑥⑦⑧⑨]。

一、实验部分

（一）取样

取样位置为东西墙8个部位各取底部风化土，以及在西南角取14层夯土样品。

（二）样品处理

测试前取一定量的采集样品用研钵研磨成均匀的细粉，以待随后进行XRD测试分析。进行离子色谱测试分析时，首先将样品研细，准确称取0.2g溶解在50mL的去离子水中，超声溶解30min，离心，取其上清液以备测试。

（三）表征方法

1. XRD半定量分析

实验选用Dmax12kW粉末衍射仪，依据SY/T6210-1996《沉积岩中样品矿物总量和常见非样品矿物X射线定量分析方法》与PDF2粉末衍射数据库进行解谱。

2. 离子色谱分析

使用北京师范大学分析检测中心的TX/600离子色谱仪，美国DIONEX戴安公司生产。

3. 含水率分析

含水率的测量方式遵循T0103—1993烘干法。

二、分析结果

（一）XRD半定量的分析结果

粉末X-射线衍射仪(XRD)是一种分析样品中盐含量的有效手段。对舍卫城城墙的夯土（表一）以及底部的风化土进行XRD半定量分析（表二）。

从整体风化产物与未风化样品比较可知，石英、长石、斜长石的含量基本持平，微斜长石作为较易风化矿物，含量降低了41%；绿泥石、白云石、闪石作为黏土矿物，含量降低45.6%；另外石膏和石盐作为风化产物，含量高达8.25%。可见夯土因水盐侵蚀，导致夯土风化剥落、掏蚀、起甲、粉化、酥碱等病害现象，并最终产生石膏和石盐等风化产物。

（二）离子色谱分析结果

为了进一步确定土体样品中可溶盐成分及其含量，对其样品进行了可溶盐测定。

对14层夯土层挑选其中的5层夯土样品进行离子色谱分析（表三），可以看到土壤中的阴离子包括Cl^-、NO_3^-以及SO_4^{2-}，而阳离子则主要包括Na^-、K^-、Mg^{2-}以及Ca^{2-}。

同时可以看到夯土层位越高，夯土

表一　不同高度的夯土样品的XRD分析结果

样品名称	石英	方解石	斜长石	微斜长石	绿泥石	云母	白云石	闪石	石膏
SWCHT-8	39%	16%	16%	9%	5%	5%	6%	4%	—
SWCHT-10	32%	24%	22%	9%	6%	7%	—	—	—
SWCHT-12	26%	16%	21%	14%	5%	5%	8%	5%	—
SWCHT-14	41%	19%	19%	9%	6%	5%	—	—	2%
平均	34.5	18.75	19.5	10.25	5.5	5.5	3.5	2.25	0.5

表二　4处不同位置的风化夯土的粉末的XRD分析结果

样品名称	位置	石英	方解石	斜长石	微斜长石	绿泥石	云母	闪石	石膏	石盐
SWCFHT-2	西墙外侧	24%	26%	19%	6%	4%	5%	—	4%	10%
SWCFHT-4	西北角	37%	16%	17%	7%	5%	6%	5%	3%	4%
SWCFHT-7	东墙内侧	29%	20%	23%	10%	4%	5%	—	7%	3%
SWCFHT-9	东墙外侧	39%	17%	24%	6%	5%	7%	—	2%	—
平均		32.25	19.75	20.75	7.25	4.5	5.75	1.25	4	4.25

表三　西墙西南角14层夯土离子色谱分析结果

名称	样品量	样品量	样品量	样品量	样品量	样品量	样品量
	mg/kg	mg/kg	mg/kg	mg/kg	mg/kg	mg/kg	mg/kg
	Cl	NO_3	SO_4	Na	K	Mg	Ca
夯土第四层	5.43	39.40	48.65	27.83	41.66	48.95	174.90
夯土第八层	21.96	221.42	236.08	96.59	21.47	42.14	271.45
夯土第十层	57.70	279.48	1297.87	405.06	33.73	77.29	586.22
夯土第十二层	157.73	853.05	1042.26	382.80	69.84	122.65	636.37
夯土第十四层	269.12	2059.38	9690.27	1143.11	296.97	664.33	3801.60

表四　城墙夯土掏蚀部位的阴离子分析结果

名称	样品量	样品量	样品量
	mg/kg	mg/kg	mg/kg
	Cl	NO_3	SO_4
西墙外侧1	7913.37	12347.46	2333.61
西墙外侧2	11921.33	30040.78	9462.99
西墙西北角	8543.18	11195.71	48.19
西墙内侧	5790.22	13393.02	73.25
东墙外侧1	3859.42	14198.78	9226.53
东墙外侧2	10000.63	12256.23	4552.79
东墙内侧1	8311.57	39437.20	6291.97
东墙内侧2	9886.72	19100.55	3625.56
西墙外侧第六层白色结壳	23.65	388.23	9662.33
西墙内侧中部第八层掏蚀	651.18	4783.58	3847.71
西墙外侧第十层掏蚀部位	2390.68	4799.13	737.21

中的各种离子浓度越低，距离地面约1.8m高的第四层夯土中的各阴离子含量均小于100mg/kg，而夯土层位越靠近地面，则离子含量越高，位于地表的第十四层夯土中，NO_3^-可达2059mg/kg，SO_4^{2-}浓度可达9690mg/kg。

对舍卫城的东西两城墙共8个位置的底层风化土进行离子色谱分析（表四），可以看到各部位均含有很高含量的Cl^-（3859.42mg/kg－11921.33mg/kg）和NO_3^-（11195.71mg/kg－39437mg/kg），而SO_4^{2-}的含量则不同位置差距较大（48.19mg/kg－9462.99mg/kg）。

此外第三层至第七层夯土的方解石平均含量相对其他层低，但这五层中均发现硫酸钙，且硫酸钙的含量与方解石缺少的含量大致相符，从图一中也可以看出在整个舍卫城城墙的东西墙内外侧的中上部都出现图中可以观察到的白色，对其第6层中的白色结壳进行取样XRD和离子色谱分析，结果见表四，发现其主要成分为硫酸钙及硫酸钠。至于为何这种现象主要集中在中上部（夯土层的3-7层），可能与大气中的二氧化硫有关。原因在于夯土城墙是由石灰、黄土、砂石按一定配比构成，夯土城墙中的熟石灰及方解石与空气中的污染气体二氧化硫相互作用而形成[10]。

可见圆明园舍卫城遗址夯土城墙遭受比较严重的可溶盐侵蚀，通过新鲜的夯土样品与风化样品的比较，可知可溶盐主要由于毛细水作用，从地下水中转移到夯土层内部。

（三）含水率分析结果

对第4层到第14层夯土进行含水率分析（表五），可以观察到从第11层到第14

表五　含水率的测试结果

取样点	烘干前质量（g）	烘干后质量（g）	含水率(%)
夯土第4层	11.01	10.81	1.82
夯土第5层	11.40	11.23	1.75
夯土第6层	9.11	8.78	3.62
夯土第7层	9.43	9.30	1.38
夯土第8层	9.73	9.64	0.92
夯土第9层	10.66	10.51	1.41
夯土第10层	15.19	14.90	1.91
夯土第11层	17.14	16.69	2.63
夯土第12层	10.11	9.93	1.98
夯土第13层	11.22	10.89	2.77
夯土第14层	15.25	14.82	2.63

层的夯土中的含水率（平均值为2.503）明显较第4层到第9层夯土的含水率（平均值为1.817）高。这一结果表明取样时，夯土城墙的毛细作用高度达到第11层，约1.8米左右，这一现象与底部掏蚀发生的层位高度相吻合。

三、可溶盐—微溶盐侵蚀机制讨论

（一）夯土城墙底部盐分侵蚀机制

随着环境温湿度交替变化，地表水分不断蒸发，地下水带着盐分向上运移，使得盐分在夯土城墙表面富集而析出，填充在土壤颗粒间的可溶盐分、微溶盐一方面通过物理作用发生溶解—结晶—再溶解—再结晶过程，使得夯土城墙的团粒结构遭到破坏，降低了土壤的团聚性，进而导致遗址基体土层酥粉现象的发生，造成土遗址病害[①]。

另一方面，盐分在湿度较大的情况下与水结合形成结晶水合物，而在干燥的条件下失去结晶水，其在夯土城墙孔隙结构的结晶与溶解循环过程，导致孔隙结构破坏，裂隙产生，强度降低，黏土矿物的崩解也进一步导致夯土颗粒的解体，乃至崩解，导致夯土城墙酥粉、块状脱落等病害的发生。如：Na_2SO_4潮湿时易吸水为$Na_2SO_4 \cdot 10H_2O$，而在失水时又转换成无水芒硝，这两个过程伴随着盐晶体体积的增大和缩小，进而影响夯土土体的性质。$NaCl$主要通过夯土孔隙中溶解和结晶富集过程影响土体的性质。

夯土城墙中的微溶盐硫酸钙随着水分沿毛细孔向外蒸发，引起硫酸钙向外迁移，并随着蒸发的进行，硫酸钙不断沉淀在夯土遗址表面。这个过程易发生盐分膨胀作用，使土体颗粒间的黏合力减小，颗粒之间的距离增大，导致土体表面泛白酥粉，严重时脱落[⑫][⑬]。

（二）夯土城墙上部泛白区域盐分侵蚀讨论

而对于舍卫城城墙中部（从第3层夯土到第7层）也发生相当严重的掏蚀现象，对其表面进行取样分析的结果表明，其中含有大量的硫酸钙，这一部位的掏蚀较底部掏蚀严重程度低，而离子色谱的结果也表明其以硫酸根离子为主，但中部的含水率和整体离子含量均较低，表明与地下土壤中的毛细水的关系较小，因此更可能来源于大气中的二氧化硫，二氧化硫溶解在大气中的水分中，而舍卫城城墙夯土中均含有一定量的石灰和白云石，这些石灰在长期暴露于大气中已经形成碳酸钙，酸性雨水的冲刷在夯土表面形成硫酸钙的结壳，由于结合力较低，最后不断剥落，形成掏蚀。

四、结论

研究结果表明，掏蚀、起甲、酥碱等病害现象的原因与遗址的赋存环境及外界自然条件密切相关。由于地下盐分随着土体水分毛细上升，并不断蒸发由内向外运移，最终富集在遗址下部，具体可知，该夯土城墙的可溶盐是 Na_2SO_4、$NaCl$，微溶盐主要是 $CaSO_4$ 和 $CaSO_4 \cdot 2H_2O$，此外还含有少量的 $CaCl_2 \cdot 6H_2O$、KNO_3、KCl、$MgCl_2$、K_2SO_4 和 $MgSO_4$ 等。而随着取样高度增加，样品中各盐分的种类及含量有所减少，此种分布规律与地下水毛细作用上升导致的水分运移相吻合，并确认氯盐及硝酸盐的主要来源为地表水及地下水。

根据含水率的分析结果，大体在约1.8米以下区域，地下水水分毛细作用在盐分迁移过程中扮演了重要角色。在1.8米以上区域还有一种比较典型的泛白现象，推测为 Na_2SO_4 和 $CaSO_4$ 的相关产物，而这一病害产生的原因为空气污染物中 SO_2 的影响。

本文结果可为土遗址的保护提供科学参考，对土遗址保护及对策的制定具有指导意义，同时亦对圆明园舍卫城遗址盐害机理和相关盐害研究及进一步完善提供借鉴。

本论文得到２０１９年度北京市属高校高水平教师队伍建设支持计划青年拔尖人才培育计划项目（编号：CIT&TCD201904074）赞助，市教委科技一般项目（KM201911417015），北京联合大学人才强校优选－百优计划（BPHR2019DS02）资助支持。

① 中国圆明园学会筹备委员会：《圆明园》第五集，中国建筑工业出版社，1992年，第34-35页。

② 李彤、金和天、张中华等：《圆明园舍卫城保存现状及病害原因分析》，《圆明园学刊》2017年，第82-86页。

③ 蔺青涛：《甘肃瓜州锁阳城遗址墙体盐分调查与分布规律研究》，兰州大学2010年硕士学位论文。

④ 孙满利、李最雄、王旭东等：《干旱区土遗址病害的分类研究》，《工程地质学报》2007年第6期。

⑤ 胡玮：《夯土遗址掏蚀病害发育特征与影响因素研究》，兰州大学2014年硕士学位论文。

⑥ 刘炜：《我国北方7省室外土遗址病害分布特征研究》，西北大学2012年硕士学位论文。

⑦ 王石斌：《北方土遗址的病害成因与环境区划研究》，兰州大学2009年硕士学位论文。

⑧ 孙满利、王旭东、李最雄：《西北地区土遗址病害》，《兰州大学学报（自然科学版）》2010年第6期。

⑨ 赵海英、李最雄、韩文峰等：《西北干旱区土遗址的主要病害及成因》，《岩石力学与工程学报》2003年S2期。

⑩ 郭宏、李最雄、宋大康等：《敦煌莫高窟壁画酥碱病害机理研究之一》，《敦煌研究》1998年第3期。

⑪ 戎岩、李玉虎、王保东：《酒泉西沟四、五号壁画墓病害调研分析》，《陕西师范大学学报（自然科学版）》2015年第3期。

⑫ 胡红岩、夏寅、靳治良等：《秦始皇帝陵及汉阳陵遗址成盐元素及类型研究》，《中国材料进展》2012年第11期。

⑬ 钱玲、张尚欣、胡红岩等：《老山汉墓土遗址盐分调查与分布规律探索》，《分析测试技术与仪器》2016年第4期。

（作者单位：北京联合大学应用文理学院、故宫博物院、北京市文物研究所、北京大学考古文博学院、中国地质大学工程技术学院）

铁路文化遗产的保护与焕新

——以京张铁路三处遗址保护为例

陈 哲

铁路是工业革命的产物，它的出现在地球上创造了一种新的景观，加速了人类社会现代化的进程。近代以来中国社会的发展变化，也深受铁路的影响：铁路不仅促进了中国近代工业文明的萌生，也见证了帝国主义对旧中国的掠夺侵占，甚至一些重大历史事件都是由铁路的修筑所引发。中国的铁路文化遗产非常丰富，但对其价值的认识与保护研究，长期以来在国内学界并无统一的意见。直到2003年《下塔吉尔宪章》对工业遗产进行了明确的定义，作为工业遗产重要组成部分的铁路文化遗产日渐吸引人们的关注。

虽然当前学界对铁路文化遗产的认知与保护仍存有各种不同的意见，但也在逐渐形成一些共识：认为铁路文化遗产，特别是铁路建筑及其附属设备，不仅承载着中国近代铁路发展过程中所积累的工程经验、制造技术等科技信息，也反映着近代以来中国社会历史文化风貌的变迁。

京张铁路于1905年9月开工，并于1909年10月2日正式建成通车，是中国人自行设计和建造的第一条干线铁路。它的成功修建极大地鼓舞了中国人的民族自信心，在中国铁路发展史上留下了浓墨重彩的一笔，总工程师詹天佑更是因此被誉为"中国铁路之父"而载入史册。京张铁路从北京丰台柳村始发，一路向北，途经西直门、南口、青龙桥、康庄、宣化等车站到达张家口，全长约200公里（图一）。

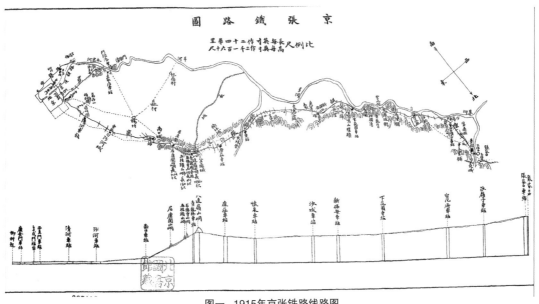

图一 1915年京张铁路线路图

目前除个别路段有所变化外，京张铁路基本保持了初建时的走势。但随着中国跨入高铁时代，2016年开始施工建设的京张高铁的部分路段与老京张铁路有所交集重合，这就使得京张铁路上的部分铁路建筑面临被拆除的风险。

本文考察了清河车站站房、康庄机车库和八达岭隧道，这三处建筑是京张铁路线上具有代表性的遗址，它们在保护等级、保存现状、使用情况等方面都存在着差异。本文通过描述它们在保护与利用过程中的成功经验与存在问题，窥一斑而知全豹，旨在抛砖引玉，与同业者交流探讨，引发对铁路文化遗产保护的更多关注与思考。

一、清河车站站房

铁路车站站房是近代中国出现的新建筑类型，是铁路旅客候车、运营管理和交通联系所用房屋，主要包括候车室、售票处、行包房、小件寄存处、问讯处、站长室、客运室、行车室、广播室、进出站广厅，以及行政办公、公安、海关、邮电等用房，房间数量和面积视站房规模和性质而定。其中，不少铁路站房成为所在城镇的地标性建筑，在中国近代建筑史上具有重要地位。而在早期的京张铁路上，铁路站房就已经颇具规模，并形成了自己的建筑特色。

清河车站建于1905年，建筑总面积336㎡，属于京张铁路的三等车站。结合《京张铁路工程纪略》与《京张路工撮影》等资料，我们可以对清河车站站房整体结构有所了解：车站坐东朝西，拱券结构的青砖墙，将站房隔成六柱五楹（图二）。中间3间合为候车室，外部为拱券门；两侧及候车室后方为站长室、电报室、杂役室。外部门窗的顶部用深色砖块砌成拱券造型，与墙体产生鲜明的对比，而窗户的里层为玻璃，外层为百叶单窗。站房屋顶上方采用了

图二　清河车站

传统建筑中的女儿墙，正上方有堞口9座，两侧各有堞口14座，即《京张铁路工程纪略》记载的"四围筑以天沟"，并于外立面正上方立匾额墙，上书"清河车站"，并在其下注有韦氏拼音拼写的"CHINGHO"，左侧刻"陈昭常题"，右侧注明时间"光绪丙午夏季"。清河车站的整体建筑按照西方建筑的比例关系和形制进行建造，而屋檐、屋脊、廊柱、墙面、门窗及入口部分则采用中国传统木质装饰构件纹饰。在借鉴欧洲古典主义建筑样式的同时，又吸收了中国传统建筑特色，清河车站形成一种中西合璧的折衷主义建筑风格，而这种建筑风格正是晚清和民国时期西学东渐的重要体现。

新中国成立以后的清河车站屡经改造。2016年，因路线升级改造，清河站停办客运业务。从目前保存的情况来看，三处曾改作售票窗口的拱券门现已完全封闭；屋顶也被更换成了彩钢板，房顶与其他添加建筑连为一体；老站房门窗拱券痕迹尚存，但中央正上方、由京张铁路总办陈昭常于1906年题写的站名匾额墙已不复存在，女儿墙也已全部损毁缺失；东侧的老站台仍保持原样，西侧的老站台因S2线市郊铁路改造成为高站台。但尽管如此，清河车站老站房的原始结构仍保存完好，具备文物的属性，于2017年被评定为"未核定为文物保护单位的不可移动文物"，

清河老站房及周边的老站台、铺设在站场线路内的老式铁轨都属于具有保存价值的铁路文化遗产。

京张高铁线上的新清河车站场地选址恰好位于老清河车站的站场内。新清河车站被规划为城市综合交通枢纽，包含3万平米的高铁站房，轻轨13号线增设车站，地铁昌平线南延和19号线支线车站，公交站场，出租与社会车辆场地，以及配套站场上盖物业开发。且新车站按"四台七线"规模设计，下方规划有地铁线，地铁采用明挖施工法。因此，清河老站房及附属建筑存在被拆除的危险。

在避免位于新建清河站施工场地内的老清河站受到拆除的威胁这一现实问题上，天津西站老站房保护改造工程的成功，给了铁路文物保护部门以启发。天津西站老站房是原天津西站的候车室，位于原天津老城城西第三区子牙河与南运河之间的河北赵家场（今天津市红桥区西站前街1号），始建于1909年8月，1910年12月14日投入运营，建筑风格为德式新古典主义，为全国重点文物保护单位。2009年，京沪高速铁路的重要节点工程——新天津西站开工，西站老站房从原址向东南方向整体迁移了140米，其中向南135米，向东40米，并计划作为天津铁路博物馆而被永久保护。

中国铁路总公司对清河车站老站房的保护遵循了《北京历史文化名城保护条例》（2005）中第三十一条的规定："具有保护价值的建筑不得违法拆除、改建、扩建。建设工程选址，应当避开具有保护价值的建筑；确因公共利益需要不能避开的，应当对具有保护价值的建筑采取迁移异地保护等保护措施……"①并通过了中铁工程设计咨询集团有限公司提出的异地搬迁的保护方案：在新清河车站施工期间，老站房将会被平移出施工现场，找到新的位置安放，作为过渡。新清河站建成后，老站房作为历史的见证将会被移回清河站，再进行修缮，修缮后的老站房将

图三　整体搬迁的清河老站房

作为景观陪伴在新清河站旁，供人们参观游览。目前，清河老站房本体则已经被平移到了京张高铁清河新站房的南侧（图三），正等待后续的修缮工作。而站台内拆除下来的具有保存价值的枕木、帽石等物品已被中国铁道博物馆征集保存。

清河车站在京张铁路建成伊始只是一个小小的三等站，但它却是目前京张铁路现存车站中唯一一个采取异地搬迁保护的，也是少数有幸能保留原始结构的车站。清河老站房与天津西站老站房一样，通过短距离的整体平移有效地保留了主体建筑，且没有离开它原生的铁路文化环境，使其能在新的历史条件下最大化地发挥自身的价值，这样良性的保护手段值得今后的铁路文化遗产保护工作借鉴。

二、康庄机车库

康庄机车库旧称"康庄火车房"，位于京张铁路康庄车站站房以东300米的正线北侧，始建于1907年，由机车库、水塔、煤台等建筑组成，设计者就是詹天佑。他在《京张铁路工程纪略》的"房厂"一节中，这样记述机车库的作用和康庄机车库设立的缘由："机车库，亦行车上重要之部分，盖机车既常须洗刷，而往来接替又断难露置，且本路路线高低不一，关沟一带坡道最急，尤非普通机车所可驶行，故更须置备马立特（马莱特）式

之山坡机车，以为上下山坡之用。机车既不一，则接替必更频繁，若任其露置，则受雨露之侵损，为害必非浅鲜，故特于南口、康庄两处（为山道起终之地点）特设最大之机车库各一所，其余各站也酌量建设。其规模，大站均相仿，余则较逊。"②

康庄机车库建成时建筑面积约1160平方米，内部铺设了两条带有地沟的轨道用于停放和检修机车（图四），最多可容纳8台重型机车。车库顶端有8扇可升降的天窗，另有12座烟筒分布于库内的两条轨道上方（图五），以满足蒸汽机车排烟的需求。南北墙面上各有24面相隔3.33米的立式窗户，东西两端设有拱形车库门，用于机车进出。此外，车库附属建筑中的煤台和水塔设置在机车库的南侧。煤台和水塔南北两侧均铺设了铁路线路（图六），因此无论是上行或下行机车凡在此停靠时，都可进行加煤上水整备作业，设计十分合理。

康庄机车库在京张铁路通车后，即

图四　康庄机车库建成时情景

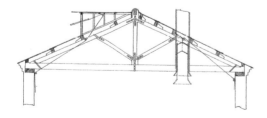

图五　康庄机车库升降式天窗及烟筒

图六　康庄机车库外部线路轨道

开始停放、保养大型山道蒸汽机车，在京张、张绥、京绥铁路等不同历史时期，一直发挥着较为重要的作用。但随着蒸汽机车的淘汰，康庄机车库作为停放蒸汽机车并为之加煤、上水的作用渐渐丧失，仅被用来存放老式的封存机车。到2004年左右，这座在京张铁路线上举足轻重的机车库便被彻底闲置，尽管康庄车站仍在运营，但康庄机车库却再没有停放过机车。

从目前考察的情况来看，康庄机车库及其附属建筑仍是京张铁路线上为数不多的保存较为完整的大型机车库建筑，机车库、水塔、煤台仍在，仍保持着初建时的外观（图七）。但由于年久失修，康庄机车库早已破败不堪：机车库两端的大拱门已经出现弯曲变形，南北两侧的24面立式窗也严重破损，虽然车库内的线路、地沟、值班房、升降式烟囱、自闭式窗都保存完整，但都存在不同程度的损坏（图八）。车库旁的水塔和煤台也出现人为破坏和自然风化的痕迹，而通往机车库的线路轨道也早被拆除，只能从荒草下遗留的枕木和被压实的荒草印记中看出旧时钢轨的铺设走向。

作为京张铁路线上具有重要保存价值的铁路文化遗存，康庄机车库亟须得到有效的保护，而现实却是它一直处于废弃状态，迄今为止未有任何保护修缮的计划。

这一现状，让笔者联想到与我国一水之隔的日本，同样有着悠久历史的梅小路

图七　康庄机车库外部现状

图八　康庄机车库内部现状

蒸汽机车库的保护之路：1914年建造于京都的梅小路蒸汽机车库，在经历过蒸汽机车的黄金时代后，也迎来它最后的落幕，于1971年结束了运营。当时的日本国营铁路公司以将来完全停驶蒸汽机车为考量，制订了将一部分蒸汽机车以可以正常运行状态保存下来的计划，而保存基地正是见证了明治、大正、昭和时期的日本铁路飞跃式发展的梅小路蒸汽机车库。1972年，在日本铁路开创100年之际，梅小路蒸汽机车库被改造成蒸汽机车馆（图九）。2014年4月6日，梅小路蒸汽机车馆与大阪交通科学博物馆正式合并，同时扩大展馆面积，在扇形机车库附近新建主体馆舍，于2016年改名为京都铁道博物馆，重新对外开放，被众多铁路爱好者誉为日本铁路的"圣地"（图十）。

康庄机车库的保护可以借鉴梅小路蒸汽机车库的成功经验，即在保持机车库原址原貌不变的前提下，对原址建筑、场地和设施进行适当的修整和完善，恢复原有的铁路线路，利用场地空间停放老式机车，将老机车库及其附属建筑改造成铁路文化场所，向人们展示铁路遗产的原始风貌和历史文化价值。这种做法既保存了铁路遗产中的建筑物、环境场所和工业设施等物质实体，也保存了铁路文化遗产中积淀下来的文化和传统等精神内涵，在满足人们怀旧需求的同时，也盘活了铁路文化遗产，为区域增添生机与活力，可谓一举数得。

三、八达岭隧道

京张铁路从南口至岔道城一段，特别是南口到八达岭之间，山势险峻，层峦叠嶂，工程难度极大，"仰视则迢遰百寻，下临则峥嵘千仞。使用仪器，几无立足之地。"[③]这段线路是詹天佑修建京张铁路最为艰难之处，当时外国工程师扬言修筑京张铁路的工程师尚未出生，指的就是此线路，"其时外人议论，咸以吾国工程人材甚艰。且有英人在伦敦演说，谓中国能

图九　1972年梅小路蒸汽机车馆开馆

图十　梅小路蒸汽机车库新貌

开凿关沟之工程司尚未诞生于世云云。其言中之意何若，固可不必深论，而斯路工程之艰阻，于此实可想见。"④

京张铁路线上为数不多的隧道全都集中在这一区域，而其中最为著名的就是八达岭隧道。八达岭隧道全长1090.5米，于1907年春开工，1908年5月凿通，是京张铁路线上长度最长的隧道（图十一）。整个隧道从长城之下穿越燕山山脉八达岭，穿过的岩层非常坚硬，工程量十分浩大。詹天佑曾为之呕心沥血，最终，开创性的青龙桥"人字形"折返线设计使隧道长度比初测时缩短了近一半，减小了施工难度，打破了各种既定路线及绕行方案，才使得京张铁路得以如期完工。但尽管如此，八达岭隧道的修建仍是京张铁路四座隧道中最为艰巨的，由于隧道太长，山石坚硬，故在隧道上方设置两口竖井，增加至6个作业面同时开凿，以增快施工速度。建成后的八达岭隧道为越岭隧道，中间高，两边低，隧道内的坡顶位于隧道中点，是关沟段海拔最高点。

八达岭隧道在历史上曾经数次遭受过战争破坏，导致排水系统损坏严重，顶部漏水，道床常年积水，行车存在安全隐患。直到1968年铁路部门对八达岭隧道进行了内部大修改造，才解决了多年排水不畅的问题。京张铁路线上的隧道保存至今都存在不同程度的损坏，目前保留较好的只有八达岭隧道和居庸关隧道。尤其是八达岭隧道，常年处于通车状态，由于有铁路部门的工作人员对其进行精心的养护，保存状况良好。

随着京张高铁的兴建，翻越八达岭仍需要开凿新的隧道，2016年4月新八达岭隧道正式开工建设。新八达岭隧道全长12.01km（图十二），不仅是京张高铁上最长的隧道，也是全线控制性和重难点工程，初始评估等级为极高风险，按一级风险隧道管理。其施工难度不仅在于工程本身，还在于如何在施工时不对铁路文化遗产本体造成损伤，因为老八达岭隧道、

图十一　刚贯通的八达岭隧道

图十二　施工中的新八达岭隧道

"人字形"折返线以及全国重点文物保护单位青龙桥火车站，距离新八达岭隧道的规划位置只有咫尺之遥。

从目前考察的情况来看，铁路施工单位通过各种手段，尽全力确保了上述铁路文化遗产的安全。负责新八达岭隧道工程的中铁五局采取了下穿的手段避开了铁路文化遗产密集的区域，为避免影响地上的建筑，施工过程没有使用炸药，而是采用人工机械开挖，为此足足多花了2个月的施工时间。2018年12月，新八达岭隧道终于贯通，而八达岭隧道周围的铁路文物建筑群体并未受到影响，真正实现了现代建筑工程与铁路文化遗址的和谐共处。

对八达岭隧道以及周边铁路遗存的整体性保护反映出我国的文化遗产保护理念正在逐步完善，铁路文化遗产被重视程度逐渐提高，地位逐渐上升。截止到2013年，被确定为全国重点文物保护单位的铁路类不可移动文物已达22处。铁路部门将"保护为主、抢救第一、合理利用、加强管理"的文物工作方针作为铁路文保的根

本原则，科学施工，保护文物，同时加强铁路文化遗产的保护与传承，深入挖掘和系统阐发其中蕴含的文化内涵和时代价值。具体措施有定期对铁路文化遗产进行检查和养护，改造时尽量避免引入具有较大安全隐患的设施，铁路遗址区域内的新设施则格外注重采取安全防范措施，在保护中发展、在发展中保护。

四、当下与未来

铁路文化遗产是世界工业遗产的重要组成部分，具有历史价值、社会价值、科技价值、经济价值、审美价值等。铁路的特殊性，注定了铁路文化遗产所要表达内容的复杂性，它不仅反映了当时历史背景下的社会人文历史，也表现了工业时代技术发展的传承。文中所述的三处铁路遗存，完好地记录并体现了当时的科技水平，并承载了京张铁路深厚的文化历史底蕴。

通过实地调研，我们观察到目前京张铁路文化遗产的保护与利用仍存在一些问题，如康庄机车库及其附属建筑群的保存状况，就反映出保护工作有所缺失，破败的建筑外观没有得到有效地修缮，遗址原真性和完整性降低，又如老八达岭隧道虽然被妥善地保护，但其他隧道除居庸关外长期处于荒废状态，铁路文化遗产保护工作依然任重道远。但也出现了一些新的可喜变化：有关部门已经意识到铁路文化遗产的价值与重要性，在新的城市交通建设中尽量避免影响具有保存价值的铁路遗存，并采用各种手段来进行保护，譬如异地搬迁、整体平移，尽管并不成熟、存有瑕疵，但这与从前简单粗暴的拆旧建新相比，已经是可贵的进步了。

历史上京张铁路因为诸多原因曾多次被改造，虽然大致走向仍在，但要对其进行全部保存是不现实的。与我国一衣带水的邻国日本，也保存了大量的铁路工业遗址。日本在英国的帮助下于1872年建成本国第一条铁路京滨铁路，铁路技术的引进与铁路建设的萌芽几乎与我国同步进行，只是由于两国对外来科技文明的认识存在着巨大的差异以及其他客观原因，致使两国近代铁路发展的进程并不一致。今天，日本将国内的铁路工业遗产视为重要的国家财富，不仅保护工作开展得较早，保护方式的理论与实践研究也一直走在国际前列。

基于这样的背景，我们可以借鉴当下日本铁路工业遗产的保护经验：在现有铁路遗存的基础上，经过全面细致的工业考古，对有代表性的线路、站房、隧道等建筑进行保护，主要侧重于建筑外观、平面布局的历史原状修缮，包括建筑内部空间功能品质的提升、建筑周围用地的整合和铁路人文环境塑造。通过对遗址本身原真性的修复重建和铁路文化元素的提取，强化场所特征，塑造城市意象，实现铁路文化遗产和周围环境的和谐共存。为了推动这样的愿景，许多有识之士一直在奔走呼吁。2017年两会期间，全国人大代表、有"高铁院士"之称的王梦恕，就提交了两份关于京张铁路的建议案。他认为，百年京张铁路是历史留给我们的最宝贵的工业遗产，保护工作刻不容缓，因此王梦恕院士建议设置京张铁路遗址公园。

百年前，京张铁路的通车打破了中国人不能自建铁路的断言，带给积贫积弱的中华民族以无限的希望，而现在，设计时速350公里的高寒、大风沙高速铁路——京张高铁的建成不仅开启了世界高速智能铁路的先河，也向世人宣告中国的铁路技术在百年间已走到了世界领先的位置。京张高铁不仅让国人对铁路建设充满信心，也让整个社会重新聚焦老京张铁路的保护。面对挑战，抓住机遇，积极推进铁路文物保护工作，让铁路文化遗产在新的历史时期焕发出新的活力。

---

① 北京市文物局编：《新编文物工作实用手

册》，北京经济管理出版社，2012年，第60页。

② 詹天佑：《京张铁路工程纪略》，中华工程师学会，1915年，第124页。

③ 詹天佑：《京张铁路工程纪略》，中华工程师学会，1915年，第34页。

④ 詹天佑：《京张铁路工程纪略》，中华工程师学会，1915年，第16页。

（作者单位：中国铁道博物馆）